W0061150

DON BOSCO
VERLAG

Staatsminister Erwin Huber
in Verehrung und dankbarer Verbundenheit

Eugen Biser

Überwindung der Lebensangst

Wege zu einem befreienden Gottesbild

DON BOSCO

Die Deutsche Bibliothek – CIP Einheitsaufnahme

Biser, Eugen:
Überwindung der Lebensangst : Wege zu
einem befreienden Gottesbild / Eugen Biser.
– 1. Aufl. – München : Don Bosco, 1996
  ISBN 3-7698-0836-3

1. Auflage 1996 / ISBN 3-7698-0836-3
© by Don Bosco Verlag, München
Umschlag: Felix Weinold
Gesamtherstellung: Salesianer Druck, Ensdorf

Gedruckt auf umweltfreundlichem Papier.

Inhalt

Vorwort

Mit ihrer Zentralaussage schließt sich die vorliegende Schrift meinen Beiträgen zu einer therapeutischen Theologie, vor allem in meiner Studie „Theologie als Therapie" (Heidelberg 1985) an, um so erneut auf die Notwendigkeit hinzuweisen, daß die Pastoral der Disziplinierung durch die der Heilung ersetzt werden müßte. Denn der heutige Mensch wird auf fatale Weise verfehlt, wenn er immer noch, als habe sich sein Erscheinungsbild seit der Renaissance nicht geändert, als der von einem ungebrochenen Lebenswillen getragene und von Leidenschaften umgetriebene gesehen wird, während er doch tatsächlich an einem existentiellen Selbstzerwürfnis und einer unstillbaren Lebensangst leidet. An der ihm von seiner Todverfallenheit geschlagenen Wunde krankend, bedarf er in erster Linie der Heilung, die ihm der verheißt, der sich zum Arzt der „Gesunden" und Kranken bestimmt weiß.
Doch der Blick dieser Schrift richtet sich ebenso auf die gegenwärtige Glaubenskrise, die ihre Mitte in einer Verunklärung der christlichen Identität hat. Hier setzen die Überlegungen zur Abgrenzung des Christentums von den anderen Offenbarungsreligionen und zur Bestimmung seiner Identität in der Gottesverkündigung Jesu an. In ihr liegt auch das stärkste Motiv zu einem kreativen Neuverständnis des Glaubens.

Die Schrift entstand aus einer Zusammenfassung konvergierender Beiträge. Daraus erklären sich einige Überschneidungen, die im Interesse der jeweiligen Gedankenführung nicht ausgeräumt werden konnten, als vertiefende Motivwiederholungen genommen jedoch dem Gesamtbild zugute kommen dürften. Dafür greift der Gedankengang wiederholt auf ausgesprochenes Neuland vor, wie es dann das abschließende Kapitel über „Die Utopie des Glaubens" in aller Form zum Ausdruck bringt.

Demgegenüber nähert sich die Schrift im Eingangskapitel dem Hauptthema „atmosphärisch" an, indem sie die Wächterfrage „wie lang noch die Nacht?" aufnimmt und sie im Blick auf die Glaubens- und Existenzkrise des heutigen Menschen zu beantworten sucht. Dabei geht sie bereits auf die identitätsstiftende Lebensleistung Jesu ein, die im weiteren Verlauf unter dem Titel „Der Gott Jesu Christi" eingehender ausgeleuchtet wird. Sie wird im Anschluß daran in dem Kapitel „Der unsichtbare Sonnenaufgang" auf den Kreuzestod Jesu bezogen, in welchem Jesus die Summe aus seinem Leben höchster Aktivität als Leidender zog und der göttlichen Liebe, wenngleich im Anschein des totalen Scheiterns, zum endgültigen Durchbruch verhalf.

Damit ist die Position gewonnen, von der aus das Christentum, wie der Haupttitel besagt, als der Königsweg religiöser Angstüberwindung erwiesen werden kann. Obwohl das im Grunde allenthalben mitgesagt ist, hebt doch das zweite Kapitel, das sich thematisch mit der Aufgabe der „gläubigen Angstüberwindung" befaßt, darauf ausdrücklich und ausführlich ab. Das ist dann auch die Begründung dafür, daß die im folgenden Kapitel diskutierte Frage, ob dem Christentum der Einzug ins dritte Jahrtausend gelingen werde, positiv beantwortet werden kann. Um das vollends glaubhaft zu machen, muß dann allerdings die Quelle der religiösen Lebenskraft, der Glaube, neu erschlossen und in seiner kreativen Qualität begriffen werden. Dem gilt das vorletzte Kapitel, das sinngemäß durch das auf den utopischen Aspekt des Glaubens eingehende letzte vervollständigt wird.

Mit dem Schlußkapitel verweist die Schrift auf die mit dem
Christentum gegebene Verheißung, daß das Dunkel der
menschlichen Lebensangst gelichtet und der Zwang, durch
den sie alles niederhält, gebrochen werden kann. Mit ihren
Überlegungen will sie nachweisen, daß diese Verheißung,
dem gegenteiligen Anschein zum Trotz, heute im Begriffe
steht, eingelöst zu werden.

München, Ostern 1996   *Eugen Biser*

Zwischen Krise und Aufbruch

Der Wächterruf

In seiner Lebenserinnerung berichtet der Heidelberger Philosoph Karl Löwith von dem erschütternden Eindruck, den Max Webers Vortrag über „Wissenschaft als Beruf" (von 1919) auf ihn gemacht hatte. Nach vierzig Jahren waren ihm die herben Schlußworte mit dem Wächterlied aus dem Buch Jesaja noch immer gegenwärtig:

„Es ertönt ein Ruf aus Edom: Wächter, wie lang noch die Nacht? Der Wächter spricht: es kommt der Morgen; aber noch ist es Nacht."[1]

Genauer kann die Stunde, die Christentum und Kirche gegenwärtig durchleben, kaum bestimmt werden. Daß die Nacht über sie hereingebrochen ist, können nur Blinde – und Blindwütende – bestreiten. Daß der Morgen naht, muß erst bewiesen werden.

Im Dunkel der Nacht

Es mutet heute wie ein Traum an, daß vor dreißig Jahren zahllose Menschen wie gebannt vor den Lautsprechern saßen, um Mario von Gallis Berichte über die neuesten Entwicklungen in den Konzilsberatungen zu hören. Und trotz massiver Rückschläge seit Verabschiedung der Konzilsbeschlüsse lebte die Spannung nochmals auf, als nach dem bestürzend frühen Tod von Johannes Paul I. ein polnischer Kardinal aus dem Konklave als neuer Papst hervorging. Mit dieser Papstwahl, die symbolisch den Eisernen Vorhang

---

[1] K. Löwith, Mein Leben in Deutschland vor und nach 1933. Ein Bericht, Stuttgart 1968, 16; 149.

durchbrach, schien die Kirche die Zukunft der Welt in die Hand genommen zu haben. Entsprechend stürmisch war der Jubel, der den Hoffnungsträger bei seinem ersten Deutschlandbesuch begrüßte. Kaum jemals dürfte die Verbundenheit zwischen Kirchenspitze und Basis so eng gewesen sein wie damals.

Dem entsprach die innere Konsolidierung. Als unmittelbare Folge des Konzils, das der Theologie freie Hand bei der Erforschung der biblischen Dokumente gewährt hatte, nahm diese einen ungeahnten Aufschwung, der die vorkonziliare Unterdrückung der Nouvelle Théologie weithin in Vergessenheit geraten ließ. Wichtiger war indessen der Impuls, der von dem dialogischen Prinzip, dem sich das Konzil verschrieben hatte, auf die Spiritualität ausging.

Denn dieser Dialog betraf nicht nur das neue Verhältnis von Papst und Bischöfen, Bischöfen und Priestern, Pfarrern und Gemeinden und nicht nur ein neues Zueinander der Konfessionen und Religionen, sondern auch das Verhältnis des Menschen zum Offenbarungsgott, das den bisher als Gehorsamsakt gedeuteten Glauben in eine hermeneutische Perspektive treten ließ, so daß sich der Glaube als ein fortschreitendes Gott-Verstehen erwies. Das aber zog eine umfassende Glaubenswende nach sich, die gleicherweise die Glaubensbegründung – Erfahrung statt Argumente –, die Glaubenserwartung – Hilfe im Diesseits – und Glaubensvermittlung – Insinuation statt Instruktion – betraf. Die schönste Frucht des Konzils aber bestand fraglos in der Neuentdeckung Jesu, die eine Fülle von Jesus-Büchern entstehen ließ, die außer Christen erstmals auch Juden und, erstaunlicher noch, Atheisten zu Verfassern hatten.

Dann aber setzte, nicht ohne die Mitschuld kirchenkritischer Theologen, von der Kirchenspitze her eine Gegenbewegung ein, die gleicherweise auf eine Zurücknahme der konziliaren

Freiheit und eine strengere Disziplinierung des Kirchenvolks abzielte und eine Auskühlung der dialogischen Atmosphäre nach sich zog. Bei den Bischofsernennungen favorisierte die Kurie, meist gegen den Wunsch der betroffenen
Diözesen, Persönlichkeiten der strengen Observanz. Die Ver-
urteilung der lateinamerikanischen Befreiungstheologie
schlug schockhaft auf die deutsche Szene zurück. Die Reak-
tion in Gestalt der „Kölner Erklärung", die im Grunde als
Notschrei gemeint war, wurde mit rigiden Maßnahmen
beantwortet.
Was das Kirchenvolk aber weit mehr befremdete, war die
Verhärtung der Sprache und die Akzentverschiebung im
Spektrum der Botschaft. Was diese betrifft, so verstärkte sich
während der letzten Jahre der Eindruck, als gehe es der Kirche vornehmlich um die Vermittlung ethischer, insbesondere
sozial- und sexualethischer Normen, ja als sehe sie ihre
Hauptaufgabe darin, Sprecherin des Weltgewissens zu sein.
Damit öffnet sich aber auch schon der Blick in die Vor- und
Entstehungsgeschichte dieser Entwicklung. Sie begann, wie
Nietzsche in hellsichtigem Durchblick sagte, mit dem Ver-
lust der dogmatischen Einheit aufgrund der Glaubensspal-
tung. Die Folge war aber nicht etwa der von vielen vermu-
tete Untergang der Christenheit, wohl aber ein tiefgreifender
Funktionswandel: sie wurde zur höchsten moralischen
Autorität. Für Nietzsche stand fest: jetzt werde die Christenheit genau so an ihrer eigenen Moral zugrundegehen, wie sie
damals „als Dogma" zugrundegegangen sei. Wird er recht
behalten? Oder wird eine neue Wandlung eintreten, womöglich sogar eine Wende, die auf die Mitte zurückführt und so
die Aufhebung der gegenwärtigen Exzentrizität bewirkt?
Daß Nietzsches Prognose ernst genommen werden muß,
zeigt die nähere Vorgeschichte, die mit der Enzyklika „Hu-
manae vitae" einsetzte. Sie ist insofern höchst aufschluß-

reich, als sie von vielen erwartet, ja geradezu gefordert worden war, weil sie die ihnen vom Konzil gewährte Freiheit ausdrücklich verbrieft, um nicht zu sagen, vorgeschrieben haben wollten. Das war ein überdeutliches Anzeichen dafür, daß breite Teile des Kirchenvolks für die ihnen zugesprochene Freiheit nicht reif waren, weil sie nicht begriffen, daß man sich die wirkliche Freiheit, wie die bekannte Redewendung sagt, „nehmen" muß, während eine vorgeschriebene Freiheit ihrer Aufhebung gleichkäme.

Inzwischen zeigte der langsam in Gang gekommene Dialog der Weltreligionen, daß das Christentum zwar sehr wohl eine moralische Botschaft auszurichten *hat*, daß es aber im Unterschied zu Judentum und Islam keine Moral *ist*. Beobachtungen dieser Art aber sammeln sich allmählich in die Frage, ob die Christenheit und insbesondere die nachkonziliare Kirche sich überhaupt noch ihrer wahren Identität bewußt sind. Nach Ausweis der Religionsgeschichte ist das aber eine Lebens- und Überlebensfrage. Denn der innere Zusammenhang einer Religionsgemeinschaft wächst in dem Maß, wie sie vom Bewußtsein ihrer Identität durchdrungen ist. Wenn das angenommen werden darf, ist die gegenwärtige Diastase zwischen Kirchenspitze und Basis, die längst schon das Reizwort von einem „vertikalen Schisma" rechtfertigt, nicht etwa, wie vielfach angenommen wird, die Folge der Renitenz des Kirchenvolks, sondern seines Eindrucks, in der Kirche nicht mehr jene spirituelle Eindeutigkeit zu finden, die zum Mitleben mit ihr motiviert, weil sie dem Gläubigen das Gefühl der Zugehörigkeit und Geborgenheit vermittelt und ihm so zu Sinn- und Identitätsfindung verhilft.

Die conditio humana

Doch damit kommt auch schon die anthropologische Seite der Kirchenkrise zum Vorschein, und dies zunächst in Form einer Sprachkrise. Denn die Tendenz der Kirche, die Gläubigen durch Einschärfung der Lehre und Normen auf den rechten Weg zu bringen und gleichzeitig an sich zu binden, läßt sie unwillkürlich in eine Sprache der Instruktion, der Appelle und Imperative verfallen. Doch dagegen ist das Kirchenvolk schon deswegen extrem sensibilisiert, weil sich das Instruktionsmodell als Instrument der Glaubensvermittlung einer Feststellung Joseph Ratzingers zufolge längst verbraucht hat, vor allem aber, weil der Mensch dieses Jahrhunderts durch die Hölle zweier Diktaturen hindurchgegangen ist, die sich mit ihren Untergebenen grundsätzlich im Befehlston zu verständigen pflegten. Um so eher ist er bereit, auf eine Sprache einzugehen, die ihn mit persuasiven Mitteln zum Glauben zu bewegen und dadurch zu sich selbst zu verhelfen sucht.

Hier bricht der anthropologische Hintergrund des Dissenses in vollem Umfang auf. Denn offensichtlich täuscht sich die Kirche in der Signatur ihres Adressaten. Was sie vor Augen zu haben scheint, ist der von einem ungebrochenen Lebenswillen getragene und von Leidenschaften umgetriebene Mensch, der im Interesse seiner Humanisierung an die Kandare genommen, normiert und diszipliniert werden muß. Seit Kierkegaard ist aber jedem Ein- und Zeitsichtigen klar, daß dieser Mensch längst einem denkbar gegensätzlich verfaßten gewichen ist: dem Menschen der Identitätsnot, des Selbstzweifels, der existentiellen Verzweiflung und Angst. Wenn es sich aber so verhält, befindet sich die Kirche ebenso in einer Kommunikationskrise wie in einer Identifikationskrise. Und vermutlich verfehlt sie ihren Adressaten, weil ihr der Blick auf ihren eigenen Identitätsgrund verstellt ist.

Diese zweifache Verunsicherung schlug, wie es nicht anders sein konnte, verstörend auf das Kirchenvolk zurück, so daß sich seiner eine depressiv-resignative Stimmung bemächtigte, die man nicht besser als mit dem Nietzsche-Wort vom „Geist der Schwere" auf den Begriff bringen kann. Er nistet sich in die Lebensunlust, Seinsverdrossenheit und Ichschwäche des heutigen Christen ein und suggeriert ihm die Meinung, daß das Gott wohlgefällig sei, was dem Menschen schwerfällt und wehtut. Das geht Hand in Hand mit der verbreiteten Ansicht, daß alle Impulse „von oben" zu erwarten seien und daß der Glaube in einem Akt gehorsamer Unterwerfung unter die von der Kirchenleitung ausgehenden Direktiven bestehe. Es springt in die Augen, daß auf diesem Weg ein wahrer Teufelskreis entsteht, weil er die Spitze zu eben den Aktivitäten provoziert, auf welche die Basis allergisch reagiert, zunächst mit Protest, dann mit Resignation und schließlich mit Abwendung. In diesem Ungeist besteht die eigentliche Not der heutigen Kirche. Alles wäre deshalb an seiner Austreibung gelegen. Doch kann und wird diese gelingen?

Im Morgengrauen

In dem von Jesaja überlieferten Orakelspruch gibt der Wächter aus Edom den Fragestellern den Bescheid: Der Morgen kommt; aber noch ist es Nacht! Und er fordert sie auf, später nochmals bei ihm anzufragen. Aber da fällt ihm Paulus ins Wort mit der Ankündigung:

„Die Nacht ist vorgerückt, der Tage ist nahe" (Röm 13,12). Gibt es für diese kühne Behauptung Anzeichen? Spricht bei so viel Dunkelheit etwas für einen bevorstehenden Tagesanbruch? Der mit dieser Frage konfrontierte Paulus würde sicher nicht auf psychologische oder technische Hilfen, sondern allein auf das verweisen, was ihm dazu verhalf, die Heilsbotschaft, wie er gegen Ende des Römerbriefs nicht ohne Genugtuung vermerkt, in weitem Bogen von Jerusalem bis Illyrien zu tragen (Röm 15,19).

Dazu aber befähigte ihn der so von keinem anderen erreichte Durchblick, der ihn die Gottesoffenbarung, die Sendung des Sohnes, die Menschwerdung, die Erhebung zur Gotteskindschaft und Stiftung der von ihm als mystischer Herrenleib verstandenen Kirche als ein einziges Heilsgeschehen begreifen ließ und dies in dem Bewußtsein, dazu von Gott geführt und von dem in ihm fortlebenden Christus „gedrängt" worden zu sein. Das aber ist gleichbedeutend mit der Einsicht, daß er dazu aufgrund seines Wissens um die Identität des Christentums gelangte. Was steht dem heute im Weg?

Wer die heutige Glaubensszene durchmustert, stößt auf zwei Sperren, die sowohl mit der Theorie wie mit der Praxis des Glaubens zu tun haben. Mit der Praxis, sofern die Kirche noch immer an einer Pastoral festhält, die dem Heilsverlangen der Menschen mit der Peitsche der Angst Nachdruck zu verleihen sucht. Im Feld der Glaubenstheorie baute sich eine womöglich noch größere Sperre in Form der Versuche auf, welche die vor allem von Anselm von Canterbury ausgearbeitete Satisfaktionslehre in der Gegenwartstheologie wieder aufleben lassen. Mit unterschiedlicher Akzentuierung neigen sie allesamt dazu, die von Raymund Schwager aufgeworfene Frage „Brauchen wir einen Sündenbock?" im Blick auf die Exzesse der Unmenschlichkeit in diesem blutigsten Jahrhundert der bisherigen Menschheitsgeschichte zu bejahen. Doch nehmen auch sie dabei ein Gottesbild in Kauf, das Gott neben dem Attribut der Barmherzigkeit das der Strafgerechtigkeit und des – sich nach Balthasar gegen den stellvertretend sterbenden Gottessohn austobenden – Zornes zuspricht. Das aber stellt unweigerlich vor die Frage, ob diese Theorie, so sehr sie dem vom Zeitgeschehen bedrängten Menschen entgegenkommt, mit der Gottesverkündigung Jesu vereinbar ist? Unverkennbar ist das die bisher sträflich vernachlässigte Frage nach der zentralen Lebensleistung Jesu.

Der neue Gott

Die Antwort drängt sich geradezu auf, wenn man versucht, das Evangelium, wie es im Grunde jeder Text erfordert, auf seine Mitte hin zu lesen. Denn dort geht es um nicht mehr und nicht weniger als um eine Neuentdeckung Gottes, anders ausgedrückt, um die Lösung des Identitätsproblems des Christentums.

Dazu sah sich Jesus ebenso aus politischen wie spirituellen Gründen bewogen. Konfrontiert mit einer in einen aussichtslosen Befreiungskampf hineintreibenden Situation, war es ihm darum zu tun, den Wortführern des verzweifelten Freiheitswillens den religiösen Vorwand ihres Kampfes, Vollstrecker der göttlichen Strafgerechtigkeit zu sein, aus der Hand zu schlagen. Vor allem aber lehrte ihn seine Gebetserfahrung, in Gott den ihm liebend zugewandten Vater zu sehen und sich als dessen auserwählten Sohn zu begreifen. Beides aber veranlaßte ihn dazu, den Schatten des Angst- und Schreckenerregenden aus dem Gottesbild der Menschheit und seines eigenen Volkes zu tilgen, um darin das Antlitz des bedingungslos liebenden Vaters zum Vorschein zu bringen, der nach einem Schlüsselwort der lukanischen Bergpredigt sogar die Undankbaren und Bösen mit seiner Erbarmung umfängt (Lk 6,35). Durch diesen Eingriff ging er als der größte Revolutionär, wenngleich im Sinn der sanftesten aller Revolutionen, in die Religionsgeschichte der Menschheit ein. Der von ihm begründeten Religion aber verhalf er dadurch zu ihrer Identität, sofern jede Religion ihr Existenzrecht letztlich aus einer eigenen, unverwechselbaren Schau des Gottesgeheimnisses herleitet.

Wenn es zutrifft, daß die Christenheit aufgrund der theoretischen und praktischen Sperre diesen neuen Gott Jesu Christi übersah und statt dessen auf eine vorjesuanische Gottesvorstellung zurückgefallen war, bleibt nur eine Konsequenz: dann muß das Christentum neu entdeckt und sein mit dem Gottesbild Jesu gegebener Identitätsgrund ans Licht gebracht werden. Das wird nur unter größter Anstrengung möglich sein, da sich unter allen Vorurteilen die religiösen als die zählebigsten erweisen. Außerdem kommt der zwiespältige Gott der Tradition, der ebenso geliebt wie gefürchtet sein will, der Welt- und Selbsterfahrung der Zeitgenossen entgegen. Der Welterfahrung, sofern sein Zorn die schrecklichen Katastrophen und Unmenschlichkeiten des Jahrhunderts zu erklären scheint. Erst recht aber der Existenzerfahrung, sofern er dem Bedürfnis nach Selbstbestrafung und Rache – bekanntlich ist die Hölle vor allem für die „anderen" da – entgegenkommt. Da Jesus nach dem Bericht des Lukasevangeliums sein Wagnis, den „Tag der Rache" aus seiner Gottes- und Heilsverkündigung ersatzlos zu streichen, nahezu den Tod durch die empörte Volksmenge einträgt (Lk 4,16–30), ist nicht anzunehmen, daß die Erinnerung an seine religionsgeschichtliche Tat widerspruchslos hingenommen wird. Ungleich schwerer ist jedoch die Hypothek, die derjenige, der darin mit Jesus einiggeht, angesichts des nunmehr unerklärlich gewordenen Leids der Welt auf sich nimmt, jenes Leids, von dem Albert Camus sagte, daß es ebenso den Glauben wie die Hoffnung verbrauche und dann als eine unerklärliche Last zurückbleibe. Aber ist das Leid der Welt, so ist dem entgegenzuhalten, mit dem Zorn eines strafenden Gottes wirklich erklärt? Ist es dies nicht weit eher im Blick auf den Gott, der im Leben und Sterben seines Sohnes die Last der von ihm geschaffenen – notwendig endlichen und deshalb todverfallenen – Welt auf sich nimmt und so den Leidenden als der um sie Mitwissende und mit ihnen Mitleidende nahe ist?

Die Inversion

Wer gegen das Gewicht einer unvordenklichen Tradition angehen will, muß wie der Kriegsherr im Gleichnis Jesu zusehen, ob seine Kräfte ausreichen (Lk 14,31f). Zuversichtlich kann er bei seinem Vorhaben aber nur insofern sein, als er mit Paulus sagen kann: „Alles vermag ich durch ihn, der mir Kraft gibt" (Phil 4,13). Darauf bezieht sich der letzte und entscheidende Schritt des durchmessenen Gedankengangs. Denn die Einsicht in die zentrale Lebensleistung Jesu ist nur die kognitive Seite des eminent spirituellen Vorgangs, der sich im Zentrum der glaubensgeschichtlichen Wende abzeichnet. Kaum merkliche, aber entscheidende Ansätze deuten darauf hin, daß dort die Inversion des Prozesses in Gang gekommen ist, dem das Christentum seine doktrinale Gestalt verdankt. Er wurde von der neueren Theologie mit der Formel umschrieben, daß der Botschafter zur Botschaft, der Glaubenserwecker zum Geglaubten und der Lehrende zur Lehre wurde. Da damit aber die Gefahr der Verfestigung, im Grenzfall sogar der Ideologisierung, einherging, setzte schon in neutestamentlicher Zeit eine Gegenbewegung dazu ein, die insbesondere aus dem Eingang des ersten Johannesbriefs spricht:
„Was von Anfang an war, was wir gehört und gesehen haben, was wir mit unseren Augen geschaut und mit unse-

ren Händen berührt haben – das Wort des Lebens: das verkünden wir euch" (1 Joh 1,1).

Das entspricht so genau dem paulinischen Osterzeugnis, das
von der Offenbarung des Gottessohnes (Gal 1,16), von der
Schau seines verklärten Angesichts (2 Kor 4,6) und dem
Ergriffensein durch ihn (Phil 3,12) spricht, daß man die Stelle
unbedenklich auf die Erfahrung des in den Seinen fortlebenden Christus beziehen kann. Dann ist sie das Kronzeugnis
dafür, daß sich der zur Konstituierung des Christentums
führende Prozeß jederzeit – und so auch heute – in dem Sinn
umzukehren beginnt, daß der zur Botschaft Gewordene aus
dem Schrein der Vergegenständlichung hervortritt, daß der
zum Gegenstand des Glaubens Erhobene vom Podest seines
Herrentums herabsteigt und daß der zur Lehre Verfestigte
auf neue Weise zu lehren beginnt, nicht mehr wie damals auf
den Feldern Galiäas und in der Säulenhalle Salomons, wohl
aber durch die Stimme des inwendigen Lehrers. Er ist die
leibhaftige Erinnerung an den von ihm entdeckten Gott der
bedingungslose Liebe; er ist der Identitätsgrund seiner Stiftung, der als solcher zur Entdeckung des Christentums verhilft.

Die Beschwörung

Wer vor dieser Entdeckungsfahrt im Geiste Jesu zurückschreckt, sollte sich, ungeachtet der ihm erwachsenden
Widerstände, den auf ihm lastenden Erwartungsdruck ver-
gegenwärtigen. Denn ihm ergeht es so wie dem resignieren-
den Palestrina in der Inspirationsszene der gleichnamigen
Oper von Hans Pfitzner. Als ihn weder Bitten noch Drohungen zur Komposition der ihm zur Rettung der Kirchenmusik
abverlangten Messe bewegen können, erscheinen ihm im
Dunkel der Nacht Gestalten der längst dahingegangenen

Meister, die ihn beschwören, das ihm aufgetragene Werk, wenn schon nicht seinet-, so doch ihretwegen zu schaffen:

> „In dir, Pierluigi,
> ist noch ein hellstes Licht;
> Das erstrahlte noch nicht.
>
> Ein heller Ton noch fehlet
> Zum klingenden Akkord;
> Als der ertönst Du dort.
>
> Den Schlußstein zum Gebäude
> Zu fügen sei bereit;
> Das ist der Sinn der Zeit."

In der Stunde der gegenwärtigen Kirchen- und Glaubenskrise sind es die Väter des Zweiten Vatikanums, allen voran sein unvergessener Initiator Johannes XXIII., die uns auf ähnliche Weise aus der Ewigkeit zureden. Denn sie verwiesen (in „Dei Verbum") nicht nur auf den identitätstiftenden Sinngrund des Christentums, sondern versuchten, was zuvor noch keiner Kirchenversammlung in den Sinn gekommen war, der Kirche einen neuen Geist einzuhauchen, den Geist des Dialogs, dem es allein gegeben ist, den Ungeist der Schwere auszutreiben. Doch ihr Werk blieb unvollendet, mehr noch: es läuft Gefahr, niedergelegt und widerrufen zu werden. Deshalb mahnen sie:

> Den Schlußstein zum Gebäude
> Zu fügen seid bereit;
> Das ist der Sinn der Zeit.

Gläubige Angstüberwindung

Zur Problemgeschichte

Hinter der vieldiskutierten Glaubenskrise der Gegenwart steht, ebenso bedrängend wie ungelöst, die Frage nach den Ursachen und Wurzeln des Unglaubens. Und diese Frage hat auch dadurch nicht an Gewicht verloren, daß die Christenheit seit einiger Zeit Grund hätte, sich umgekehrt zu fragen, warum der militante Unglaube in Gestalt eines aggressiv argumentierenden Atheismus von der Bildfläche verschwunden ist. Tatsächlich trägt das letzte Werk, das dafür in Anspruch genommen werden kann, der Versuch des Oxford-Philosophen John Leslie Mackie, Kants Destruktion der Gottesbeweise siegreich zu Ende zu führen, den resignativen Titel „Das Wunder des Theismus" (von 1981), der bei aller unterschwelliger Ironie einem Eingeständnis der Vergeblichkeit des großangelegten Unternehmens gleichkommt.

Zweifellos bringt dieser Tatbestand die unschätzbare Chance mit sich, die Verteidigung des Glaubens nicht mehr, wie es bisher unter dem Druck der atheistischen Aggression unerläßlich war, defensiv-apologetisch, sondern dialogisch zu gestalten. Ein Dialog mit dem Unglauben ist gefordert, wie er mit vergleichbarer Gelassenheit und Sensibilität wohl noch niemals in der langen Geschichte des Grenzstreites von Glauben und Unglauben, nach Goethe „das eigentliche, einzige und tiefste Thema der Welt- und Menschheitsgeschichte", gegeben war[2]. Mit dem Unglauben verhält es sich jedoch wie mit der lernäischen Schlange, jenem mythischen Unge-

---

[2] So Goethes Bemerkung im West-östlichen Divan (Israel in der Wüste); nach K. Löwith, Weltgeschichte und Heilsgeschehen, Stuttgart 1953, 224.

heuer, dem jedesmal, wenn ihm einer der Köpfe abgeschlagen wurde, sieben neue nachwuchsen. Insbesondere scheint in letzter Zeit an die Stelle des argumentierenden Atheismus ein „schleichender" getreten zu sein, der epidemieartig die Position des Glaubens von ihren strukturellen Verankerungen her untergräbt. Deshalb hat die Frage nach den Wurzeln des Unglaubens nicht im geringsten an Dringlichkeit eingebüßt.

Bei den unterschiedlichen Versuchen ihrer Beantwortung gewann jene Tendenz zunehmend an Boden, die den letzten Grund des Unglaubens in einer emphatischen Selbsteinschätzung des Menschen erblickt. „Wenn es Götter gäbe", fragt Nietzsche auf einem Höhepunkt seines „Zarathustra", „wie hielte ich's aus, kein Gott zu sein! Also gibt es keine Götter."[3] Damit wiederholte er im Grunde nur die These Feuerbachs, daß nicht Gott den Menschen, sondern der Mensch Gott im Überschwang seines Selbstgefühls geschaffen und sich als eine Projektion seiner selbst entgegengesetzt habe. Und er nimmt damit zugleich den Versuch Freuds vorweg, die Religion als ein System verdrängter Triebwünsche zu erklären, das gleichzeitig die Funktion eines illusionären Kulturideals und eines gesellschaftlichen Regulativs ausübt. Sofern diese Deutungen von einem Überschwang des menschlichen Selbstgefühls ausgehen, fehlt ihnen heute jeder Boden. Denn der Mensch der Gegenwart fühlt sich beengt, geschwächt und, wie als erster Reinhold Schneider an sich erfuhr, in seinem Lebenswillen gebrochen. Auf die Frage nach dem Grund des Unglaubens zurückbezogen, ist deshalb zu vermuten, daß die tiefsten Wurzeln in diesem Unvermögen des Menschen zu sich selbst, in seinem gebrochenen Lebensgefühl und in seiner Existenznot, zu suchen

---

[3] F. Nietzsche, Also sprach Zarathustra II: Auf den glückseligen Inseln.

sind. Das aber führt in letzter Vereinfachung zu der Annahme, daß die Angst als innerste Ursache des Unglaubens zu gelten hat. Damit ist die extreme Gegenthese zu Feuerbach, Nietzsche und Freud zur Diskussion gestellt.

Zweifellos handelt es sich dabei um eine ebenso befremdliche wie schockierende Annahme. Schockierend, weil sie einen Zusammenhang behauptet, dessen sich der geängstigte Mensch am wenigsten bewußt ist. Denn in seiner Angst fühlt er sich allenfalls als deren „Opfer", niemals aber als aktionsfähiges Subjekt, noch nicht einmal als Subjekt einer wie immer gearteten Verweigerung. Angst, so scheint ihm, sei doch ein Syndrom von „Bedrängnissen", die er erleidet, keinesfalls aber, wie die These im Grunde behauptet, eine Art Fehlverhalten oder gar „Schuld". Wie läßt sich der behauptete Zusammenhang dennoch erweisen?

Das Panorama der Ängste

Wenn der Beweis gelingen soll, dann sicher nur mit Hilfe einer Reduktion der umlaufenden Ängste auf ihre Grundtypen und letzten Wurzeln. Denn die Angst ist dem Menschen zunächst so rätselhaft wie er – sich selbst. Sie läuft als Schattenwurf seiner selbst neben ihm her. Deshalb sprach Karl Jaspers schon zu Beginn der dreißiger Jahre davon, daß eine „so noch nie gewesene Lebensangst" zum unheimlichen Begleiter des modernen Menschen geworden sei. [4] Und Werner Bergengruen, dem eines der großen Paradigmen christlicher Angstüberwindung in Gestalt seines Romans „Am Himmel wie auf Erden" (von 1940) zu danken ist, hob auf den zweifachen Umstand ab, daß die Angst ihre Anlässe zu überdauern pflegt und daß sie unter ihrer ständig wechseln-

---

[4] K. Jaspers, Die geistige Situation der Zeit (1931), Berlin 1971, 33.

den Maskierung stets jene auswählt, die ihren Opfern „am schrecklichsten einleuchtet".[5]

Wenn von den „Wurzeln der Lebensangst" gesprochen wird, ist damit insinuiert, daß bei der analytischen Auffächerung zunächst in horizontaler und dann in vertikaler – den „Wurzeln" nachspürender – Richtung gesucht werden muß. Der „Horizont" dessen, was uns ängstigt, ist zunächst zweifellos das „Umgreifende", die Welt, und sie in der dreifachen Bedeutung des Ausdrucks: die Welt als Universum und Kosmos, die Welt als Gesellschaft und die Welt als Kultur. In einem zweiten Schritt wird dann zu fragen sein, ob nicht auch der als das „unübersteigbar Größte" zu denkende Gott als Grund, womöglich sogar als Abgrund menschlicher Ängstigung in Betracht gezogen werden muß. Von den drei Varianten des Weltbegriffs ist überdies anzunehmen, daß die von ihnen ausgehende Ängstigung im Doppelaspekt von Systole und Diastole, also von Bedrängnis und Entzug, erfahren wird.

Dabei bringt es der derzeitige Weltverlust, der ein beziehungsreiches Vorspiel im mittelalterlichen Akosmismus hatte, mit sich, daß die kosmische Angsterfahrung zunächst im Zeichen des Entzuges steht.[6] Trotz aller Fortschritte der Astrophysik und der auf Eroberung des erdnahen Weltraums gerichteten Technik hat der Pascalsche Schauder vor dem „Schweigen der unendlichen Räume" den Menschen dieser Zeit, der sich radikaler noch, als es Pascal ahnen konnte, in einen entlegenen Winkel des Universums verschlagen fühlt, endgültig eingeholt. Gleichzeitig bringen es aber die

---

[5] W. Bergengruen, Am Himmel wie auf Erden, Frankfurt-Berlin-Wien 1980, 34.
[6] Seinen Ausdruck fand dieser Akosmismus in den Traktaten „De vanitate mundi", nicht weniger aber auch in der gleichzeitig als betörend und abstoßend gestalteten Darstellung der „Frau Welt" an mittelalterlichen Portalen.

Spätfolgen einer einseitig auf Herrschaftswissen begründeten Technik mit sich, daß eine „kosmische Klaustrophobie" um sich greift, da der technische Fortschritt mit einer zunehmenden Verwüstung der Natur, einer bedenklichen Erschöpfung der fossilen Energievorräte und einer bedrohlichen Überheizung der Atmosphäre verbunden ist. Die Welt, in der er sich gleichzeitig beheimatet und verloren fühlt, wird für den heutigen Menschen so zum Inbegriff bedrängender Enge, so daß er von einer ausgesprochenen „Weltangst" befallen wird.

Gleiches gilt aber auch für den seit Vico und Marx zunehmend an die Stelle des Kosmos getretenen „mondo civile", also für die „ganz gewiß vom Menschen gemachte" Menschenwelt, für die sich, vor allem im Gefolge der marxistischen Ideologie, der Begriff „Gesellschaft" einbürgerte.[7] Auch sie wird im Doppelaspekt von Repression und Frustration erfahren: repressiv, sofern sie einen sich ständig steigernden Leistungsdruck und Konsumzwang ausübt; aber auch frustrierend, sofern ein Zustand mit ihr eintrat, den David Riesman mit dem Titel „Die einsame Masse" ebenso paradox wie zutreffend umschrieb. Es ist die Isolation des Menschen in einem von Kontaktscheu und Berührungsängsten geprägten Kollektiv, die „neue Einsamkeit", die sich ausgerechnet in ihrem vermeintlich schärfsten Gegensatz, in der Massengesellschaft, breitmacht. Für die Analyse ist es von höchster Bedeutung, daß sich hier ein Zusammenhang von Angst und Einsamkeit abzeichnet. Denn offensichtlich leidet der heutige Mensch nicht umsonst in erster Linie an diesen beiden Notständen. Sie stehen, wie sich hier schon beim ersten Hinblick zeigt, in einem inneren Verweisungs und Kausalzusammenhang, der die Angst als Wurzel der

---

[7] K. Löwith, Weltgeschichte und Heilsgeschehen, 113.

Einsamkeit und diese als die soziale Selbstdarstellung der Angst erscheinen läßt.

Daß diese Beschreibung nicht weniger auf die als „geistige Welt" begriffene Kultur zutrifft, wird durch den dramatischen Umbruch bestätigt, der durch das Ende der wissenschaftlich-technischen Weltgestalt und die Heraufkunft einer konturenlosen Irrationalität gekennzeichnet ist und ein geradezu ungeheures Vakuum nach sich zog. Die Proklamation des postmodernen Prinzips „Beliebigkeit" signalisiert den bereits erreichten Grad der Konfusion. Orientierungslosigkeit und weltanschaulicher Defätismus sind die augenfälligen Folgen. Gleichzeitig stülpt die Kultur jedoch ihr mediales Urprinzip „nach außen". In der modernen Medienszene dokumentiert sie ihre Herkunft aus der Schriftlichkeit, dies jedoch in einer Form, die nicht mehr wie zu Beginn dieser Kulturepoche als Anstoß zu wachsender Kreativität, sondern als eine bisher noch nicht erlebte „Entfremdung", wenn nicht gar geradezu als „persuasive Diktatur" empfunden wird. Unter dem Anschein von informativem Weltgewinn bewirken die audiovisuellen Medien nach Hartmut von Hentig tatsächlich das „allmähliche Verschwinden der Wirklichkeit"; unter dem Anschein der Entlastung betreiben sie tatsächlich das Werk der „Entfremdung", und unter dem Anschein der „Zusammenführung" tatsächlich die Parzellierung und Isolation der Rezipienten. So arbeitet das bisher perfekteste Instrument der Massenkommunikation auch seinerseits auf die „neue Einsamkeit" in der modernen Gesellschaft hin. Einsamkeit aber ist, wie erinnerlich, nur die soziale Erscheinungsform der Angst.

Wenn es sich aber mit den drei Varianten des „Umgreifenden" so verhält, ist anzunehmen, daß Ähnliches auch vom letzten Horizont alles Denkbaren gilt, der seit alters mit dem Gottesbegriff gleichgesetzt wurde. Da „Gott" im Laufe der

Religionsgeschichte aber auch stets als Inbegriff der Erbarmung, der Liebe und insbesondere der Freiheit gedacht wurde, muß die Analyse an dieser Stelle eine neue Richtung einschlagen, die der horizontalen Betrachtungsweise als „vertikale" entgegensteht.

Die Wurzeln der Lebensangst

An das Zentrum des Problems, an dem sich nun auch die religiösen Implikationen klären müssen, führt diese in vertikaler Richtung vorangetriebene Suche nach den Wurzeln der Lebensangst heran. Demoskopische Erhebungen, wie sie etwa zu Beginn der achtziger Jahre von Gerhard Schmidtchen durchgeführt wurden, helfen dabei kaum weiter, weil sich inzwischen die Medien und die durch sie agierenden „Geschäftemacher mit der Angst" als höchst effiziente, von den Befragten aber kaum wahrgenommene Angstauslöser und Angstverstärker erwiesen. Wohl aber läßt die philosophische Angstanalyse, die von Kierkegaard mit seiner Studie „Der Begriff Angst" (von 1844) eröffnet und von Heidegger in seiner Antrittsvorlesung „Was ist Metaphysik?" (von 1929) ausgebaut wurde, darauf schließen, daß die Wurzeln der Angst in den Grundbeziehungen des Menschen zu suchen sind: in seiner Beziehung zu Gott, zum Mitmenschen und zu sich selbst. Kann diese Vermutung bestätigt werden?

Daß die menschliche Beziehung zum göttlichen Seins- und Geschichtsgrund angstauslösend wirkt, ergibt sich aus der Tatsache, daß dieser nach Ausweis der gesamten Religionsgeschichte im Doppelaspekt von „mysterium tremendum" und „mysterium fascinosum" erfahren wird. Dabei steht der Aspekt des Bedrohlich-Erschreckenden, wie die weit verbreiteten Versöhnungs- und Beschwichtigungsriten der Menschheit zeigen, offensichtlich im Vordergrund, so daß der religiöse Akt vermutlich kompensatorisch gedacht werden muß: als die immer wieder versuchte und nie ganz geglückte Überblendung der angsterregenden Erscheinung des Göttlichen durch seinen enthusiastischen Gegenaspekt. So würde es sich auch erklären, daß den daraus hervorgegangenen Werken, angefangen von den altägyptischen und babylonischen Hymnen bis hin zu Dantes „Göttlicher Komödie", den gotischen Kathedralen und Schöpfungen wie Händels „Messias", Bachs „Matthäuspassion" und Beethovens „Missa solemnis" stets etwas letztlich Ungestilltes, Uneingelöstes anhaftet. Wenn es in der Bibel vom ersten Brudermörder heißt, daß sein Gesicht „eingesunken" sei, weil er den Entzug der göttlichen Huld befürchtete (Gen 4,5), dann spiegelt sich in diesem Gesicht das Bild eines mehr noch zu fürchtenden als zu liebenden Gottes. Und die Spur dieses Schreckens zieht sich noch bis hinein in Bubers „Reden über das Judentum", die sich abschließend zu einer von Angst verdüsterten Hoffnung auf Gott bekennen: „Mag seine künftige Erscheinung keiner früheren gleichen, wir werden unseren grausamen und gütigen Herrn wiedererkennen."[8] Das aber ist ein Gott, der sich bei seiner Annäherung an die Menschenwelt selbst im Wege steht, so daß auf ihn der von Goethe in „Dichtung und Wahrheit" aufgenommene Satz bezogen werden kann, daß ihm niemand so sehr wie er selbst entgegen ist – nemo contra Deum nisi Deus ipse.[9]

Angsterregend ist sodann die Beziehung zum Mitmenschen, zu dem wir unwillkürlich einen wenn auch noch so minimalen Sicherheitsabstand einhalten, weil wir die Besorgnis nicht loswerden, daß sich der erwünschte Partner und Gefährte von heute über Nacht in sein Gegenteil, in einen

---

[8] M. Buber, Der Jude und sein Judentum, Köln 1963, 182 f.
[9] Näheres dazu in meinem Essay „Theologie und Atheismus. Anstöße zu einer theologischen Aporetik", München 1972, 23 ff.

gefährlichen Rivalen und Gegner, verwandeln könne. Zwar lebt die Menschheit insgeheim vom Traum einer angstfreien Gemeinschaft der durch dieselbe Hoffnung und Liebe Geeinten, wie ihm die Apostelgeschichte mit ihrem Idealbild von der ersten Christengemeinde Ausdruck verlieh: „Die Gemeinde der Gläubigen war ein Herz und eine Seele" (Apg 4,32). Und im Hintergrund dieser Sehnsucht steht sogar die Zielvorstellung von einer bruchlosen und doch die personale Sonderung bewahrenden Verschmelzung der Individuen, die sich ebenso in dem kusanischen Konzept des „Quodlibet in quolibet" wie in Peter Wusts Begriff des „nexus animarum" wiederfindet und im Grunde den zentralen Impuls aller Sozialutopien bildet. Doch entdeckte der Psychotherapeut Dieter Wyss im Kern aller mitmenschlichen Enttäuschungen die Tatsache, „daß es eine Identität der je-einmaligen Person mit einer anderen nicht gibt".[10] Und er schloß aus diesem vergeblichen Einungswunsch, daß die Angst als „zentrales Problem der Liebesbeziehung"[11] zu gelten habe. Wenn es aber die vollkommene Verschmelzung und damit die Einheit mit dem Partner nicht gibt – und nach Wyss nicht geben kann –, nistet sich in die mitmenschliche Kommunikation die gegenteilige Empfindung ein, die sich von Enttäuschung über Besorgnis bis zu Mißtrauen und Skepsis steigert und die schließlich in dem erhofften Partner den gefürchteten Gegner vermutet. So wird die mitmenschliche Beziehung, die sich der allgemeinen Erwartung nach zu einem Inbegriff der Bestätigung, der Geborgenheit und Selbstfindung aufbauen sollte, zu einem Vorzugsherd der Angst.

Von Angst verschattet ist schließlich das Verhältnis des Menschen zu sich selbst, weil er, gewarnt von vielerlei Erfahrun-

---

[10] D. Wyss, Lieben als Lernprozeß, Göttingen 1975, 75.
[11] D. Wyss, a.a.O., 90 ff.

gen der Minderung und Irritation, seiner selbst nie ganz versichert ist und somit befürchtet, die Kompetenz, über die er heute noch „spielend" verfügt, schon morgen verloren zu haben, ja weil er sich selbst in einer letzten Hinsicht fremd und unheimlich ist. Durch mancherlei Rückschläge an seiner Leistungskraft und Kreativität irre geworden, traut er schließlich sich selbst nicht mehr ganz über den Weg, so daß er es oft nicht mehr wagt, es mit sich und der sich ihm jeweils stellenden Lebensaufgabe aufzunehmen. Wo er es am wenigsten vermutet, in dem „Abgrund", der er nach Augustinus sich selbst ist, tritt ihm die Angst entgegen, die sich dadurch tatsächlich im Sinn des Jaspers-Wortes als sein unheimlicher Lebensbegleiter erweist.

Daran hat auch die Tatsache nichts geändert, daß die von Heine geforderte „Abschaffung der Sünde" vom Zeitgeist trotz aller kirchlichen Gegeninitiativen stillschweigend vollzogen wurde, so daß die Frage Luthers „Wie kriege ich einen gnädigen Gott?" nach einer zeitkritischen Feststellung Günter Rohrmosers heute keinen Widerhall mehr findet, weil sie als Frage unverständlich geworden ist.[12] Denn die Luther-Frage wurde inzwischen durch die ungleich radikalere verdrängt, die sich – unausdrücklich – mit Hiobs Verfluchung seiner Geburt (Ijob 3,1 ff.) stellt: „Warum muß ich sein?" Mit Kierkegaard fragt sich der heutige Mensch, wie er in diese Welt hereingekommen sei und warum man ihn da einfach habe stehen lassen. Denn er leidet an einer ihm als eine Art „Geburtstrauma" zugefügten Wunde, an einem „Unvermögen zu sich selbst", das ihn das eigene Dasein als Zumutung und Last empfinden läßt. Aus diesem Riß, der ihn vom Faktum seines eigenen Daseins trennt, entsteigt die vielleicht hartnäckigste aller Ängste: die Existenzangst. Gleichzeitig

---

[12] Näheres dazu auf Seite 52.

wird hier deutlich, daß der Mensch in einem komplizenhaften Verhältnis zu seiner Angstverfallenheit steht, da er sich von dem, was ihn erschreckt, zugleich angezogen und verlockt fühlt, so daß bei aller Not durchaus auch eine Mitschuld ins Spiel kommt.

Der Vitalitätsverlust

Schon die Verschattung des Gottesverhältnisses durch die Angst ließ das Problem des Glaubens sichtbar werden. Denn wie soll der, der vor Gott zurückschreckt, jenen Urakt vertrauender Hingabe vollziehen, den der Glaubende zu setzen sucht? Und wie soll der, den die Angst mit sich und dem Mitmenschen entzweit, jene Basis gewinnen, ohne die der Turmbau des Glaubens nun einmal nicht errichtet werden kann?

Auf die bedrohlichen Folgen der Existenzangst für den Glaubensvollzug verwies schon vor Jahrzehnten, nachdrücklicher als alle Analytiker, der späte Reinhold Schneider, der in seinem Abschiedswerk „Winter in Wien" (von 1958) auf einen Zusammenhang einging, der dem Scharfsinn der fundamentaltheologischen Forschung entgangen war. Aus existentieller Betroffenheit versichert er: „Ohne Lebenswillen – kein Glaube." Und sein Selbstzeugnis läßt keinen Zweifel daran, daß nach seiner leidvollen Erfahrung nichts so nachhaltig den Lebenswillen untergräbt wie die Angst. Die Angst stellt sich somit dem Glauben, anders als die atheistische Gegenposition, nicht entgegen; wohl aber untergräbt sie den Boden, auf dem er aufbaut. Unmerklich zerstört sie seine fundamentale Voraussetzung. Deshalb ist sie der ungleich gefährlichere Gegner, der eigentliche Gegensatz des Glaubens.

Das wird noch deutlicher, wenn man sich die gegenwärtige Umschichtung im Glaubensbewußtsein vor Augen hält. Sie betrifft gleicherweise die Glaubensbegründung wie die Glaubenserwartung und die Glaubensvermittlung. Was diese anlangt, so kann man den Perspektivenwandel auf die Formel bringen: Wir werden zum Glauben bewogen, nicht erzogen. Das bisher geltende und praktizierte „Instruktionsmodell" ist nach Überzeugung führender Fundamentaltheologen obsolet geworden, während zugleich das Verlangen nach lebendiger Glaubensmotivation die Frage der Vermittlung bestimmt.[13] Gleichzeitig verlagert sich die Glaubensbereitschaft des heutigen Menschen, die bisher an Argumente für die Existenz Gottes, die Tatsächlichkeit einer Gottesoffenbarung und für die Stiftung und Kompetenz der Kirche gebunden war, auf das Feld der religiösen Erfahrung, das geradezu als die unerläßliche Voraussetzung der Zustimmung zum göttlichen Offenbarungswort zu gelten hat.

Nicht weniger tief ist aber die Frage der Glaubenserwartung von dem angesprochenen Umschichtungsprozeß betroffen. Während sie bisher auf die vom Glauben vermittelte Einsicht in das Gottesgeheimnis und den göttlichen Heilsplan gerichtet war, konzentriert sie sich zunehmend auf jene innere Befestigung, von welcher der verunsicherte und geängstigte Mensch Halt und Geborgenheit in seinem erschütterten Lebensgefühl erhofft. In diesem Sinne arbeitet der Wandel im Glaubensbewußtsein der Christentumskritik Bubers in die Hand, der in seiner unpolemischen Streitschrift „Zwei Glaubensweisen" (von 1950) dem Christentum vorgeworfen hatte, den jüdischen Vertrauensglauben, der auch die Glaubenshaltung Jesu bestimmt habe, mit einem bloßen Für-wahr-Halten von Glaubenssätzen vertauscht zu

---

[13] H. Fries, Fundamentaltheologie, Graz 1985, 310.

haben. Buber müßte heute, lebte er noch, den Eindruck gewinnen, mit seinem Angriff auf zumindest halboffene Türen gestoßen zu sein. Das aber kommt insgesamt der Bestätigung der These gleich, daß der wirkliche Gegensatz zum Glauben nicht so sehr im Unglauben und seiner atheistischen Speerspitze als vielmehr in der Lebensangst des heutigen Menschen besteht. Doch gilt das johanneische Wort vom „Sieg, der die Welt besiegt" (1 Joh 5,4) auch in dem Sinn, daß der Glaube das Werk der Angstüberwindung betreibt?

Der rettende Therapeut

Angst scheint, im Privatleben wie im gesellschaftlichen Miteinander, etwas Schicksalhaft-Unabwendbares zu sein, gegen das, trotz aller therapeutischen Initiativen, im Grunde kein Kraut gewachsen ist, seitdem das Lebenskraut, um das sich Gilgamesch ebenso erfolgreich wie vergeblich mühte, unwiderruflich verlorenging. Zwar ist ihr kein Kraut gewachsen, um so mehr jedoch das Kreuz; denn das Christentum ist von seinem Prinzip her die Religion der Angstüberwindung. [14] In dieser Qualifikation tritt es spontan in Erscheinung, wenn man seinen Stifter nicht nur, wie es heute vielfach geschieht, als den Vollender vorgegebener Traditionen oder als Lehrer einer „höheren" Religiosität, sondern als den größten Revolutionär der Religionsgeschichte begreift und die Schwerpunkte seiner Lebensleistung ins Auge faßt. Sie bestehen in einem dreifachen Eingriff in die menschlichen Grundbeziehungen, der jeweils auf die Aufhebung eines quälenden Dilemmas abzielt. Zunächst in einer Korrektur des traditionellen Gottesbildes, das er durch seine Absage an den Gott der Rache, den er auf „skandalöse"

---

[14] O. Pfister, Das Christentum und die Angst, Frankfurt-Berlin-Wien 1985.

Weise verschweigt, von seiner Ambivalenz befreit und in die
ebenso beglückende wie befreiende und hilfreiche Eindeutigkeit führt. Überwältigendes Dokument dieser Korrektur
ist die Perikope von seiner Selbstpräsentation im heimatli-
chen Nazareth, bei der er das Wort vom kommenden „Tag
der Rache" ersatzlos streicht und seine erbitterten Zuhörer
mit der Botschaft von dem bedingungslos liebenden Gott
der Bedrückten und Bedrängten konfrontiert.[15] Und Jesus
zögert nicht, diese Proklamation durch gleichsinnige Schwerpunkte seiner Verkündigung und seines Handelns zu bekräf-
tigen. Dazu gehören in erster Linie die Gleichnisse vom verlorenen Schaf und vom verlorenen Sohn, die einen Gott insi-
nuieren, der sich gerade dem ihm am weitesten Entfernten
zuwendet, und das Gleichnis vom barmherzigen Samariter,
das die rettende Tat geschehen läßt, als menschlich gesehen
keine Hoffnung mehr darauf besteht. Was sodann sein Han-
deln betrifft, so konnte er den Gott der bedingungslosen
Liebe nicht deutlicher bezeugen als durch die Mahlgemein-
schaft, die er – gegen jede Konvention – mit den ins gesell-
schaftliche Abseits Gedrängten einging. Nicht zuletzt aber
bekräftigte er seine Botschaft von dem neuen Gott der Erbarmung und Liebe durch seinen Tod, den ihm letztlich seine
Kritik des traditionellen Gottesbildes eintrug.
Nicht weniger einschneidend war seine Korrektur der Mitmenschlichkeit, die er gleichfalls aus ihrer seit Urzeiten ein-
gespielten Ambivalenz herausführte. Denn die von Jesus
geforderte Nächstenliebe duldet nicht den geringsten Zweifel; sie würde schon im Ansatz erlöschen, wenn sie von der
Befürchtung verschattet wäre, daß sich im Andern ein heim-
licher Feind verbergen oder daß er sich wenigstens in diesen

---

[15] U. Busse, Das Nazareth-Manifest Jesu. Eine Einführung in das lukanische
Jesusbild nach Lk 4, 16–30, Stuttgart 1977.

verwandeln könnte. Wenn der Samariter in dem nach ihm benannten Gleichnis auch nur einen Augenblick mit dieser Möglichkeit gerechnet und in dem Überfallenen nicht vielmehr sein eigenes Ebenbild gesehen hätte, wäre die rettende Tat unter dem Druck der dann aufsteigenden Bedenken niemals zustande gekommen. Auch in diesem Fall bildet das Kreuz Jesu die große Gegenprobe, die in dieser Funktion ausgerechnet von Nietzsche entdeckt und von ihm zudem gerade im „Antichrist" angesprochen wurde: „Er widersteht nicht, er verteidigt nicht sein Recht, er tut keinen Schritt, der das Äußerste von ihm abwehrt, mehr noch, er fordert es heraus ... Und er bittet, er leidet, er liebt *mit* denen, *in* denen, die ihm Böses tun." [16]
Nicht weniger tief ist Jesu Eingriff in das menschliche Selbstverhältnis. Er besteht in einer einzigartigen Ermutigung des Menschen zu sich selbst, dem er ungeachtet seiner Hinfälligkeit das Menschliche zutraut und das Göttliche anvertraut. Das eine geschieht in der Übernahme der „goldenen Regel" der Mitmenschlichkeit aus der breiten, bis in den asiatischen Kulturkreis hinüberreichenden Tradition: „Alles, was ihr von andern erwartet, das tut auch ihnen! Darin besteht das Gesetz und die Propheten" (Mt 7,12). Das andere ist Ziel der Wegweisung Jesu zur Gottesfreundschaft (Joh 15,15) und Gotteskindschaft (Mt 5,9). Er denkt vom Menschen größer als irgendeiner aus der Reihe derer, die sich um seine Optimierung bemühten.
Anders als die bekannten Revolutionen vollzogen sich die seinen aber nicht durch kämpferische Aktionen, sondern allein durch die Macht des Wortes. Dem Gottesverhältnis nahm er die bedrohliche, verletzende Spitze, indem er seinen Gott mit der respektvollen Zärtlichkeitsanrede „Abba,

---

[16] F. Nietzsche, Der Antichrist, § 35.

Vater!" anrief. Die Sozialkorrektur bewirkte er durch den von ihm mit neuem Inhalt erfüllten Begriff des „Nächsten", der nach dem Verständnis Kierkegaards nicht „wie" das eigene Selbst, sondern „als" dieses geliebt werden soll.[17] Und das menschliche Selbstverhältnis revolutionierte er, indem er von der Berufung zur Gotteskindschaft sprach und dadurch das kreatürliche Verhältnis zu Gott in ein genealogisches erhob. In alledem aber erwies er sich als der Therapeut, der die Menschheit, wie man in Abwandlung des Kierkegaard-Wortes von der „Krankheit zum Tode" sagen könnte, von ihrer schlimmsten Erkrankung am – beschädigten – Leben heilte, von der Angst. Nicht umsonst beginnt der johanneische Jesus seine Abschiedsreden ebenso wie er sie beschließt. Denn der Eingangsmahnung „Euer Herz ängstige sich nicht" (Joh 14,1) entspricht die abschließende Zusicherung, die Luther in die suggestiven Worte faßt: „In der Welt habt ihr Angst; doch seid getrost. Ich habe die Welt überwunden" (16,33).[18]

---

[17] S. Kierkegaard, Leben und Walten der Liebe, Jena 1923, 19 f.
[18] J. Beutler, Habt keine Angst. Die erste johanneische Abschiedsrede (Joh 14), Stuttgart 1984, 27 f.; 92.

An der Jahrtausendschwelle

Der Wächterengel

Beim Überschreiten einer entscheidenden Schwelle befällt
den Menschen ein tiefsitzendes Angstgefühl, das sich bisweilen sogar zu einer Gestalt verdichtet. Es ist in Dantes
Göttlicher Komödie die Gestalt des Wächterengels, der den
Büßern, bevor sie den rettenden Läuterungsweg betreten,
die vielsagende Mahnung mitgibt: „Wer rückwärts schaut,
muß rückwärts gehen!" Es ist bei Franz Kafka die Figur des
übermächtigen Türhüters, der den Mann vom Lande, der
den Eingang zum Gesetz sucht, derart einschüchtert, daß
er die Schwelle lebenslang nicht zu überschreiten wagt,
obwohl der Eingang einzig für ihn bestimmt war. Und es ist
bei Nikolaus von Kues der, wie er sich ausdrückt, höchste
Denk-Geist, der die Pforte zum Wohnort Gottes bewacht
und der besiegt werden muß, wenn sich die Pforte öffnen
soll.
Schwerlich könnte die Lage von Christentum und Kirche auf
der Schwelle zum dritten Jahrtausend genauer beschrieben
werden. Auch vor ihr erhebt sich eine abwehrende Drohge-
stalt, gebildet aus den auf sie eindringenden Tendenzkräf-
ten, aber auch aus inneren Hypotheken, die überwunden
werden müssen, wenn der Eintritt gelingen soll.

Die Tendenzkräfte

Was die Tendenzkräfte betrifft, so wird die Zukunft nach
allem, was sich absehen läßt, stärker noch als bisher von der
Technik, insbesondere von der Bio- und Medientechnik
bestimmt werden, die mit der Aussicht auf unvorstellbare

Vergünstigungen, aber auch auf schwerste Bedrohungen verbunden sind. Denn die Biotechnik überträgt dem Menschen, Schritt für Schritt, die Rolle des Schöpfers, zuletzt sogar die des Schöpfers seiner eigenen Zukunftsgestalt. Und die Medientechnik steht im Begriff, die konkrete Wirklichkeit durch eine „virtuelle" zu ersetzen. Beiden Entwicklungen gegenüber sind dem Christentum aber von seinem Ursprung her entscheidende Möglichkeiten an die Hand gegeben. Der Biotechnik gegenüber, sofern es als die Religion des menschgewordenen Gottes für die unvertretbare Würde und die unveräußerlichen Rechte des Menschen einzutreten hat; und der Medientechnik gegenüber, sofern es schon durch Paulus ebenso als die Religion konstruktiver Mediennutzung wie einer grundsätzlichen Medienkritik erwiesen wurde.[19]
Auch gegenüber Säkularismus und Aufklärung, die vielen immer noch als die Totengräber des Glaubens gelten, befindet sich das Christentum in einer günstigeren Position, als es weithin den Anschein hat. Im Verhältnis zum Säkularismus, weil diesem mit der Krise des Fortschrittglaubens buchstäblich das Rückgrat gebrochen ist. Aber auch im Verhältnis zur Aufklärung, weil die Einsicht um sich greift, daß diese – bei aller Polemik – keineswegs als eine Ausgeburt der Hölle zu gelten hat, sondern als eine, wenngleich kritische Folgeerscheinung des Glaubens, die wesentliche Motive der Jesusbotschaft wie Freiheit, Solidarität und Toleranz in Profanbereiche eindringen ließ, die nur auf diesem Umweg erreicht werden konnten.

---

[19] Dazu meine Ausführungen in: „Der Mensch – das uneingelöste Versprechen. Entwurf einer Modalanthropologie", Düsseldorf 1995, 100 ff.; 254–257, und in: „Paulus: Zeuge, Vordenker, Mystiker", München 1993, 293–298; 393–398.

Nach Samuel Huntington steht die Zukunft der Welt nicht mehr im Zeichen politischer und wirtschaftlicher Konflikte, sondern in dem des „Zusammenpralls der Zivilisationen". Hier ist das Christentum, zusammen mit den beiden konkurrierenden „Abrahamsreligionen" gefragt, ob es ihnen angesichts des weltweit vordringenden Atheismus nicht endlich gelingt, ihre Konflikte beizulegen und ihre Kräfte zur Überwindung des gemeinsamen Gegners zu bündeln. Voraussetzung dessen aber wird es sein, im Gespräch mit dem Judentum eine Deutung von Auschwitz zu finden, die im Kernschatten der Sinnlosigkeit eine Spur von Sinn, und sei es in der Sprache des Verstummens, aufscheinen ließe, und in der Annäherung an den Islam jenen Erdenrest im Gotteswort ausfindig zu machen, der es ermöglicht, ihm in der Weise kritischen Verstehens zu begegnen. Was es nun aber mit den inneren Hypotheken auf sich hat, wird sich in dem Maß klären, wie sich das Christentum im Vergleich mit dem Judentum und dem Islam auf seine Identität besinnt und seiner sinnstiftenden Kraft bewußt wird.

Die Unterscheidungen

Diesem Versuch einer „Unterscheidung des Christlichen" (Guardini) stehen aber ebenso gravierende wie verbreitete Mißdeutungen entgegen. Eine erste, meist nur unterschwellig faßbare, unterstellt dem Christentum, auf die Schwächung des Lebenswillens hinzuarbeiten und die kreative Selbstentfaltung des Menschen zu behindern. Ziel der kirchlichen Pädagogik sei der unterwürfige, angepaßte und seinem Selbstwillen entfremdete Mensch, der das für Gott wohlgefällig halte, was ihm schwerfällt und wehtut. Doch so viel diese Ansicht an Fehlhaltungen aufdeckt, lehrt doch der Vergleich mit dem Buddhismus, um den vor allem Romano

Guardini bemüht war: *Das Christentum ist keine asketische, sondern eine therapeutische Religion.*

Denn Buddha ging es bei seinem Eingriff in das Aktionszentrum des Menschen, durch den er den Vergleich mit Jesus herausfordert, um den Versuch, den menschlichen Seins- und Lebenswillen auszulöschen; Jesus zielt demgegenüber auf seine Umgestaltung zum Gotteskind und Bürger des Gottesreichs.

Die zweifellos aktuellste Unterscheidung betrifft das Judentum, und dies im Gegenzug zu den überhandnehmenden Tendenzen, gerade diesen Unterschied aus situativen Gründen zu verwischen. Dabei darf diese Grenzziehung dreierlei nicht übersehen: weder die vielfältige Verwurzelung des Christentums und zumal seines Stifters im „Ölbaum Israel" (Röm 11,16 f.), noch die Übereinkunft im Offenbarungsglauben, aber erst recht nicht die furchtbare Last der Mitverantwortung an den Judenverfolgungen in Geschichte und Gegenwart. Indessen tritt im Vergleich mit dem Judentum eine Differenz zutage, die gegenüber der von Wolfgang Trillhaas vertretenen und heute weithin akzeptierten These, daß das Christentum in sein „ethisches Stadium" eingetreten sei und dem modernen Menschen nur noch als Ethik vermittelt werden könne, nicht deutlich genug markiert werden kann; denn *das Christentum ist keine moralische, sondern eine mystische Religion.*

Damit ist der unterschiedliche Stellenwert der Moral in den beiden Religionen angesprochen. Das Judentum *ist* von seiner Gründung her eine moralische Religion, während das Christentum zwar einen moralischen Auftrag *hat,* darin aber, entgegen dem gegenwärtigen Anschein, nicht aufgeht. Denn dem Christentum geht es primär nicht um die Erziehung, sondern um die Erhebung und, wie die Selbstbezeichnung Jesu als „Arzt" (Mk 2,17) zu verstehen gibt, um die Heilung des durch seine Todverfallenheit zuinnerst verwundeten Menschen.

Angesichts des Einbruchs fundamentalistischer Denk- und Verhaltensweisen ist aber auch die Abgrenzung vom Islam, ungeachtet seiner Zugehörigkeit zur Trias der „Abrahamsreligionen", von kaum geringerer Bedeutung. Denn eine dritte, gleichfalls tief eingewurzelte Fehlmeinung hält das Christentum für eine Religion, die auf die Gleichsetzung von Schrift und Gotteswort gegründet ist und demgemäß zu einem streng rezeptiven Umgang mit dessen schriftlich niedergelegter Dokumentation verpflichtet. Doch in Abgrenzung vom Islam gilt: *Das Christentum ist keine primäre, sondern eine sekundäre Schriftreligion.*

Im Unterschied zum Koran, der nach einer islamischen Ursprungslegende dem Offenbarungsempfänger unmittelbar in Form eines mit dem himmlischen Original beschrifteten Seidentuchs übergeben, um nicht zu sagen: „eingepreßt" wurde, kamen die neutestamentlichen Schriften, wie Luther betonte, nur im Gefolge der „Not" zustande, die durch den Tod der Augenzeugen und die rapide Ausdehnung eingetreten war. Weil die Rückfrage an die Augenzeugen mit deren Tod unmöglich geworden war und weil der Kommunikationsraum alle mündlich zu bewältigenden Strecken schon früh überstieg, wurde die schriftliche Dokumentation und Kommunikation unerläßlich. Insofern haftet den neutestamentlichen Schriften das Stigma einer, wenngleich höchst effektiven, „Notlösung" an. Doch gerade deshalb besteht diesen unter dem Druck der verlorenen Gleichzeitigkeit und der räumlichen Expansion entstandenen Schriften gegenüber eine Freiheit zum interpretierenden Umgang mit ihnen, wenn nicht sogar zu ihrer Umgestaltung und Neufassung, jedenfalls aber jene Freiheit, aus der die christliche Theologie hervorgegangen ist und lebt.

Der Identitätsgrund

Doch die wichtigste Unterscheidung betrifft den Gottesbe-
griff, da die Identität einer jeden Religion an ihre spezifische
Sicht des Gottesgeheimnisses zurückgebunden ist. Für das
Judentum ist dies der Begriff des einen, weltüberlegenen
Gottes, vor dem die Vielheit der Götter zu Nichtigkeiten zer-
stiebt und der der Welt, seiner Schöpfung, in absoluter
Selbstherrlichkeit gegenübersteht. Er reißt alle numinosen
Qualitäten an sich, so daß die ihrer Selbstherrlichkeit entklei-
deten Kreaturen in die Verfügungsmacht des Menschen
geraten, dem es aufgegeben ist, sie stellvertretend für Gott
und deshalb in seinem Sinn zu verwalten. Im Fall des Islam
ist es der in absoluter Einzigkeit begriffene Gott, der durch
diesen Begriff eine einzigartige Macht über den Menschen
gewinnt, und dies mit der Folge, daß der Islam im Vergleich
zu anderen Religionen über den ungleich stärkeren Zugriff
auf seine Gläubigen verfügt.

Im Gefolge des Zweiten Vatikanums brach sich die Einsicht
Bahn, daß auch Jesus eine vergleichbare Innovation bewirkte, sofern er den „ambivalenten Gott" (Görg) der mensch-
heitlichen und jüdischen Tradition in die rettende Eindeutigkeit führte. Getragen von einer ebenso beseligenden wie
kämpferisch errungenen und qualvoll erlittenen Gotteserfahrung, wurde er zum größten Revolutionär der Religionsgeschichte, dem es gelang, den Schatten des Angst- und
Schreckenerregenden aus dem traditionellen Gottesbild zu
tilgen, indem er auf dessen Grund das Antlitz des bedingungslos liebenden Vaters zum Vorschein brachte. Damit
schlug er den politischen Fanatikern seiner Gegenwart und
aller Folgezeiten den religiösen Vorwand ihres Kampfes aus
der Hand, und damit nahm er den Bann der schlimmsten
aller Ängste, der Gottesangst, von den Herzen der Menschen.

Hand in Hand mit den Tendenzen, die auf die Zurücknahme der durch das Konzil eröffneten Freiheiten abzielen, melden sich im Raum der Gegenwartstheologie Stimmen, die sich mit wachsendem Nachdruck dafür aussprechen, daß diesem „Vater der Erbarmungen und Gott allen Trostes" der „unheile" Gott der alttestamentlichen Tradition und daß dem Botschafter der Liebe der Prediger des Gerichts entgegengesetzt werden müsse, der doch mit aller Deutlichkeit von der drohenden Verwerfung, ja sogar vom „Heulen und Zähneknirschen" gesprochen habe. Aus diesen Stimmen spricht aber nicht nur die Mißachtung des hermeneutischen Grundsatzes, daß das Evangelium auf seine Mitte hin gelesen werden muß und daß aus Bildern keine Lehre abgelesen werden kann, sondern, bedenklicher noch, eine skeptische Einschätzung der Lebensleistung Jesu, vermutlich sogar ein resignatives Einverständnis mit der „Tragik des Weltlaufs" (Bernhart). Tatsächlich entspricht der ambivalente Gott der Menschheitstradition der durch den Wechsel von Licht und Verdüsterung bestimmten Geschichtserfahrung, vor der seine Befürworter offensichtlich kapituliert haben. Aber sah sich Jesus nicht einer mindestens ebenso düsteren Zeit gegenüber? Und sprach er nicht gerade in sie seine Verheißung des kommenden Gottesreiches hinein? Käme es deshalb nicht nach dem Zusammenbruch der roten Utopie darauf an, ihm darin nachzufolgen? Doch wird die in einer Lähmung begriffene Christenheit dazu bereit sein? Und wenn ja – welche Symptome sprechen dafür?

Die Glaubenswende

Wie Vorgänge nach Art des Kirchenvolksbegehrens oder der Kruzifixdebatte zeigen, ist das Glaubensbewußtsein in einer weit stärkeren Bewegung begriffen, als es nach außen hin

den Anschein hat. Darauf arbeiten ebenso innere wie auch
äußere Gründe hin. Eine innere Nötigung zunächst; denn
kaum etwas belastet das Glaubensbewußtsein stärker als die
derzeitige Unsicherheit hinsichtlich der christlichen Identität. Unterschiedliche Gründe, zu denen ebenso die Entdek-
kung der alttestamentlichen Wurzeln der Denkwelt Jesu wie
die Verlagerung der Botschaft auf moralische Direktiven
und nicht zuletzt das durch Auschwitz unheilvoll gestörte
Verhältnis zum Judentum gehören, führten dazu, dieses Verhältnis im Sinn einer Abhängigkeit zu bestimmen, so daß
das Christentum geradezu als ein Derivat des Spätjuden-
tums erschien. Dann aber hört es auf, eine Weltreligion eigenen Ranges und Rechtes zu sein und einen legitimen
Anspruch auf Mitgestaltung des kommenden Jahrtausends
erheben zu können. Zu den äußeren Herausforderungen
zählt demgegenüber die Erosionskraft des nachwirkenden
Säkularismus, vor allem aber der „ozeanische" Atheismus,
dessen Größenordnung erst durch den Fall des Eisernen Vor-
hangs deutlich geworden ist. Während es sich im ersten Fall
auf die Krise des Fortschrittglaubens verlassen kann, durch
die der Säkularismus seine Schwung- und Stoßkraft verloren
hat, wird sich das Christentum angesichts der atheistischen
Herausforderung nach Bundesgenossen umsehen müssen.
Nach Lage der Dinge kommen dafür in erster Linie die beiden Abrahamsreligionen in Betracht. Deshalb liegt entscheidend daran, daß es mit ihnen, ungeachtet aller Spannungen,
in ein dialogisches Verhältnis tritt, um mit ihnen gemeinsam
einen Wall gegen die andringende Sturmflut des Unglaubens aufzurichten. Gleichzeitig aber wird es sich, entschie-
dener als bisher, auf jene Mitte zurückbeziehen müssen, die
ebenso der Sammelpunkt seiner Initiativen wie der Quellgrund seiner Inspiration und Energien ist. Kaum etwas ist
aber erstaunlicher und tröstlicher als die Feststellung, daß

das Christentum, ungeachtet aller Irritationen, bereits auf diesem Weg zu seiner Mitte begriffen ist. Das zeigt zunächst schon die dreifache Umschichtung im Glaubensbewußtsein, die nach der Zäsur des Zweiten Vatikanums einsetzte. Sie betrifft den Wandel: *vom Gehorsams- zum Verstehensglauben, vom Bekenntnis- zum Erfahrungsglauben und vom Leistungs- zum Verantwortungsglauben.*

Begriff sich der vorkonziliare Glaube als die gehorsame Unterwerfung unter die Autorität des Offenbarungsgottes, so der konziliare, wie es der Klärung des Offenbarungsbegriffs entsprach, als den lebenslangen Versuch, die Selbstzusage Gottes in seinem menschgewordenen Sohn verstehend nachzuvollziehen. Hilfreich wirkte darauf das differenzierte Autoritätsverständnis hin, das Hans-Georg Gadamer in seiner philosophischen Hermeneutik „Wahrheit und Methode" entwickelte.[20] Denn im Licht seiner Unterscheidung zeigt sich, daß Gott dem Glaubenden nicht in der Autorität des allmächtigen Herrn des Himmels und der Erde, sondern in der Autorität des Lehrers (Kierkegaard) entgegentritt, der ihm das denkbar Wichtigste – sich selbst – zu sagen hat. In der Doppelsinnigkeit dieses „sich selbst" besteht der Reichtum und das Glück des christlichen Glaubens. Denn im selben Maß, wie sich Gott im Sinn des Begriffs „Selbstoffenbarung" (Rahner) selbst erschließt, gibt er sich dem Glaubenden auch als den Inbegriff seiner Sinnfindung zu verstehen. So aber tritt an die Stelle des unwissenden, unterwürfigen Knechtes der mitwissende Partner und Freund, wie ihn der johanneische Jesus (Joh 15,15) gefordert hatte.

---

[20] H.G. Gadamer, Wahrheit und Methode. Grundzüge einer philosophischen Hermeneutik, Tübingen 1972, 262–269; dazu die Ausführungen meiner Untersuchung: „Die glaubensgeschichtliche Wende. Eine theologische Positionsbestimmung", Graz 1986, 193–199.

Im selben Maß, wie diese Einsicht an Boden gewinnt, verlagert sich das Interesse von den dogmatisch umschriebenen Inhalten auf diese selbst, da der Glaube, wie schon Thomas von Aquin betonte, nicht so sehr den Sätzen als vielmehr dem gilt, den sie umschreiben und meinen. [21] Das wurde von den bedeutendsten Christentumskritikern der ausgehenden Neuzeit bestätigt. Sprachtheoretisch durch Nietzsche, für den das Verständlichste an der Sprache nicht in den Worten, sondern in der Musik hinter den Worten, in der Leidenschaft hinter der Musik und in der Person hinter der Leidenschaft besteht. [22] Auf den Glaubensakt bezogen, besagt das, daß er sich, vermittelt durch die Glaubenssätze und Schriftworte, letztlich auf den bezieht, der sich durch sie zu verstehen gibt und zu dem der Glaubende so in eine dialogische Personbeziehung tritt. Glaubenstheoretisch unterstrich das Martin Buber mit seiner in „Zwei Glaubensweisen" geübten Kritik des christlichen Satzglaubens, dem er vorwirft, von der Höhe des prophetischen Vertrauensglaubens, den auch Jesus geteilt habe, auf ein formales Glaubensverständnis abgesunken zu sein, bei dem es in erster Linie um die Richtigkeit der für wahr gehaltenen Sätze geht. Doch der wahre Gegensatz des für-wahr-haltenden Satzglaubens ist nicht so sehr das Vertrauen als vielmehr die Mystik, verstanden als das Verlangen, zu dem von den Sätzen umschriebenen Inhalt vorzudringen, um ihn zum Lebensinhalt zu gewinnen. Eben dies meint das berühmte Rahner-Wort, daß der Christ der Zukunft ein Mystiker oder aber nicht mehr sein werde, sofern Mystik in diesem Satzzusammenhang das Verlangen nach Gotteserfahrung bezeichnet.

---

[21] Thomas von Aquin, Summa theol. II/2, q. 9.1, a. 2, ad 2.
[22] F. Nietzsche, Nachgelassene Fragmente vom Herbst 1882, in: Sämtliche Werke. Kritische Studienausgabe X, München 1980, 89.

Ein ebenso wichtiger Wandel betrifft den vom Leistungs-
und Versicherungsglauben zum Verantwortungsglauben.
Denn der Satzglaube wurde, wie es sich aus dem Moment
des Festhaltens ergab, als die vom jeweils einzelnen zu
erbringende Leistung begriffen, die sich mit der Hoffnung
auf individuelle Heilssicherung verband und so dem Kirchenvolk unter dem Motto „Rette deine Seele!" ans Herz
gelegt wurde. Doch das Herz wurde davon schwerlich
berührt. Um so mehr gelingt das dem Verstehensglauben,
weil es ihm nicht so sehr um eine rezeptive Hinnahme von
Vorgegebenem als vielmehr um die kreative Mitgestaltung
von Aufgegebenem zu tun ist. Mit der Entdeckung der Kreativität des Glaubens geht aber die seines Mitvollzugs mit der
Gemeinschaft der Glaubenden Hand in Hand. „Niemand
weiß, aus welchen – vielleicht räumlich entfernteren oder
zeitlich vergangenen – gläubigen Existenzen heraus sein
eigener Glaube gespeist wird", sagt Guardini in seiner nach-
gelassenen „Existenz der Christen", und er fügte dem hinzu:
„ebenso wenig, wie er weiß, welche Menschen er selbst mit-
trägt".[23] Denn der Glaube gehört, um es ins Prinzipielle zu
heben, zu jenen höchsten Gütern der Menschheit, die man –
wie Freiheit, Hoffnung und Frieden – voll nur mit allen
anderen zusammen oder, falls diese Bedingung nicht gegeben ist, nur in fragmentierter Weise haben kann. So gesehen
steht die Glaubenskraft in einer funktionalen Abhängigkeit
vom Grad des Willens zur Glaubenseinheit, so wie dieser
einen seiner stärksten Beweggründe im Bestreben nach
Intensivierung der Glaubenskraft haben müßte.
Dessen aber bedarf es vor allem, wenn das Ziel erreicht werden soll, auf das der dreifache Wandel hinwirkt und das die
Achse der längst schon in Gang gekommenen glaubensge-

---

[23] R. Guardini, Die Existenz des Christen, Paderborn 1976, 409.

schichtlichen Wende bildet: die Neuentdeckung Jesu im Glaubensbewußtsein der Gegenwart. Während Guardini noch auf breite Zustimmung stieß, als er den Stand des Glaubensbewußtseins am Ende des Ersten Weltkriegs auf die Formel brachte: „Die Kirche erwacht in den Seelen", müßte dieser Satz heute umgeschrieben werden, so daß vom Erwachen Jesu im Glauben – und Unglauben – der Gegenwart die Rede ist.[24] Seine eindrucksvollste, wenn auch in ihrer Bedeutung längst nicht zureichend gewürdigte Bestätigung fand dieser Vorgang in der spontanen Entstehung einer ganzen Jesusliteratur im unmittelbaren Gefolge des Konzils, an der sich auch eine Reihe von jüdischen Autoren, allen voran Schalom Ben-Chorin mit seinem Buch „Bruder Jesus", beteiligte. Daß dieses christologische Erwachen auch den Unglauben ergriff, bestätigen die sensationellsten Dokumente der Neuentdeckung, die wie „Jesus für Atheisten" von Milan Machovec und „Matthäuspassion" von Hans Blumenberg Atheisten und Agnostiker zu Verfassern haben.

Über die durch die Neuentdeckung bedingte und sie bestätigende Perspektivendrehung geben die Titel der dafür signifikanten Werke Aufschluß, die von einem überraschenden Positionswechsel sprechen. Der Herr, zu dem Guardini aufgeblickt hatte, stieg diesen Benennungen zufolge vom Podest seines Herrentums herab, um den Seinen als „Bruder" und „Helfer" entgegenzutreten und sie schließlich in ein „Freundschaftsverhältnis" mit sich zu ziehen.[25] Das aber markiert den Umbruch von einer Christologie der Autorität zu einer der Solidarität und schließlich der Identität, wie es dem Weg des Glaubens in das Stadium seiner mystischen

[24] Dazu das Kapitel „Ein Zeichen der Verständigung", in: Glaubensbewährung, 29–41. R. Guardini, Vom Sinn der Kirche, Mainz 1955, 19.
[25] R. Schnackenburg, Freundschaft mit Jesus, Freiburg 1995.

Verinnerlichung entspricht. Wenn aber dieses Ziel in Sicht-
weite gerät, zeigt sich auch, daß die Glaubenswende der
Identitätsfindung des Christentums in die Hand arbeitet.
Denn zur Neuentdeckung Jesu gehört in erster Linie der Ein-
blick in sein Herz, den Ort seiner beseligend-leidvollen Gotteserfahrung, die ihrerseits im Zentrum seiner revolutionären Lebensleistung steht.[26] Doch ihr stehen tief eingewurzelte Vorstellungen entgegen, die ausgeräumt werden müssen, weil sie den freien Blick auf das Identifikationsziel
behindern.

Die Selbstkorrektur

Wie das Wort vom „Erwachen" Jesu im Glaubensbewußtsein der Gegenwart darauf hinwies, daß die glaubensgeschichtliche Wende letztlich nicht als die Wirkung menschlicher Initiativen, sondern als sein Werk in den Glaubenden
begriffen werden muß, ist auch von der notwendigen Korrektur zu sagen, daß sie weithin den Eindruck einer Selbstkorrektur erweckt. Das zeigt sich daran, daß die entscheidenden Hindernisse, die Satisfaktions- und Rechtfertigungslehre, wie zunehmend deutlich wird, über keine tragende
Grundlage mehr verfügen, so daß damit zu rechnen ist, daß
beide Gedankengebäude über kurz oder lang einstürzen
werden.[27] Im Fall der Satisfaktionstheorie ergab sich das aus
der Einsicht, daß das Licht, das der Sühnegedanke auf das
Rätsel des Kreuzestodes Jesu zu werfen schien, mit einer
Verdunkelung des Gottesbegriffs erkauft war: erkauft mit
dem Rückfall auf den von Jesus überwundenen Gott der

---

[26] Gegen R. Bultmann, Zur Frage der Christologie, in: Glauben und Verstehen I, Tübingen 1966, 93 f.; 101.
[27] Th.S. Kuhn, Die Struktur wissenschaftlicher Revolutionen, Frankfurt
1973, 107 ff.; 203 ff.

rigorosen Strafgerechtigkeit, der auf unbedingter Genugtuung bestehen und sich daher das Todesopfer des eigenen
Sohnes abverlangen mußte.[28] Für die Rechtfertigungslehre
betonte dies Günter Rohrmoser, als er der Frage Luthers
nach dem gnädigen Gott mit der Gegenfrage entgegentrat:
„Ist der Mensch der Gegenwart durch diese Frage Luthers
noch erreichbar, wird er von ihr noch betroffen oder entzieht
sie sich völlig seinem Begreifen? Was bleibt von dem Kernstück des ganzen Protestantismus, der Rechtfertigungslehre,
wenn diese Frage nicht mehr das sie bewegende Zentrum
bildet?[29]

Abgesehen von ihrem Plausibilitätsverlust kranken beide
Vorstellungen daran, daß sie Jesus im Sinn der ihm zugesprochenen Sühne- und Rechtfertigungsfunktion instrumen-
talisieren und damit gegen den kategorischen Imperativ ver-
stoßen, wonach der Mensch niemals als Mittel zu behandeln,
sondern stets als Selbstzweck zu achten ist. Daß sich beide
Modelle noch immer einer beträchtlichen Konjunktur er-
freuen, dürfte sich, ebenso wie der theologische Rückfall in
die Schreckensperspektive Gottes, letztlich aus der periodi-
schen Wiederkehr apokalyptischer Angstvorstellungen, be-
sonders im Maß der Annäherung an die Jahrtausendwende,
erklären. Auch wenn für die erste die historischen Quellen
nur spärlich fließen, sprechen doch die skurrilen Ungeheuer
an zeitgenössischen Kapitellen und die extensiven Höllen-
darstellungen im Tympanon der Kirchenportale eine Sprache, die auf eine ins Chaotische treibende Vorstellungswelt
schließen läßt. Eine von Panikzuständen begleitete Gottes-
verdüsterung spiegelt sich auch in der Kunst des Übergangs
vom Mittelalter zur Neuzeit wie etwa in den Höllenphan-

---

[28] Dazu das Kapitel „Bindet ihn los! Vom Sinn des Todes Jesu", in: Glaubensbewährung, Augsburg 1995, 9–28.
[29] G. Rohrmoser, Geistige Wende – Warum? Mainz 1984, 67.

tasien des Hieronymus Bosch und in der Versuchung des heiligen Antonius auf dem Isenheimer Altar. Sie fand ihren theologischen Niederschlag in Luthers Suche nach dem gnädigen Gott und zumal in dem zum Inbegriff der radikalen Übermacht erstarrten Gott, dem Descartes das Wort redete (Krüger).[30] Als verkürze sich der Zeitraum der Wiederkehr derartiger Krisen jeweils um die Hälfte, bricht das Bild des unheimlichen, jetzt sogar vor sich selbst erschreckenden Gottes bei Kant wieder durch, der auf einem Höhepunkt seiner „Kritik der reinen Vernunft" das höchste unter allen Wesen in ein Selbstgespräch eintreten und zu sich sagen läßt: „Ich bin von Ewigkeit zu Ewigkeit, außer mir ist nichts, ohne das, was bloß durch meinen Willen etwas ist; aber woher bin ich denn?"[31]

Da nach allen Anzeichen mit der Annäherung der Jahrtausendwende eine gesteigerte Wiederholung dessen zu befürchten ist, muß jetzt schon eine Gegeninitiative ergriffen werden. Und dies in Gestalt jener Selbstkorrektur, die auf die Beseitigung der Hindernisse abzielt, die der Konzentration des Christentums auf seine Mitte entgegenstehen. Sie betrifft in erster Linie den Geist der Schwere, der mit seinen lähmenden Einflüsterungen das Christentum in den Anschein einer asketischen, womöglich sogar auf den Opfergedanken gegründeten Religion bringt. Vergessen ist das Herrenwort, daß die Hochzeitsgäste nicht fasten können, solange der Bräutigam bei ihnen ist, zumal dieser Aufruf zur Glaubensfreude schon früh mit dem Zusatz abgeschwächt wurde: „doch werden Tage kommen, da ihnen der Bräutigam entrissen wird; dann werden sie fasten". Hier ist ein Exorzismus

---

[30] G. Krüger, Die Herkunft des philosophischen Selbstbewußtseins, in: Freiheit und Weltverwaltung, Freiburg und München 1958, 42.

[31] I. Kant, Kritik der reinen Vernunft (Ausgabe Schmidt), Hamburg 1956, 583.

angesagt, der die Austreibung dieses beschwerenden Ungeistes zum Ziel hat und der, wie das erwähnte Beispiel zeigt, vom Rückgriff auf die originäre Jesusbotschaft ausgehen muß. Zentral wird es dabei um die Wiederentdeckung der Anwesenheit des „Bräutigams" gehen. Denn dort, wo die Nähe dieses „Freudenmeisters" gefühlt wird, müssen, wie Bach in seiner Motette „Jesu, meine Freude" (von 1723) versichert, die „Trauergeister" der Resignation und Hoffnungslosigkeit weichen.

Aufs engste hängt das mit der wichtigsten Korrektur zusammen, die sich auf die Beseitigung der moralischen Kopflastigkeit in der derzeitigen Selbstdarstellung der Kirche bezieht und die Wiedergewinnung des inneren Gleichgewichts zum Ziel haben müßte. Im Unterschied zum Judentum, das von seinem Ursprung her eine vorwiegend moralische Religion ist, hat das Christentum zwar eine moralische Mission; doch geht es darin, anders als die offiziellen Äußerungen vermuten lassen, nicht auf, weil ihm nicht um die Erziehung des Menschen, sondern um seine Erhebung zum Rang der Gotteskindschaft zu tun ist. Denn das Christentum ist von seiner Mitte her eine mystische, auf die Lebensgemeinschaft mit dem Stifter gegründete und von seinem Fortleben in der Glaubensgemeinschaft bewegte Religion. Wenn das derzeitige Ungleichgewicht behoben werden soll, muß es auf diese Mitte hin wieder neu justiert werden.

Die Innensicht

Das könnte schwerlich gelingen, wenn nicht ein neuerlicher Umschwung im Glaubensbewußtsein in Gang gekommen wäre, der sich symptomatisch im verbreiteten Verlangen nach Glaubensmystik und religiöser Esoterik bekundet. Angesichts des in diesem Bereich auswuchernden Wildwuchses stellt sich mit wachsender Dringlichkeit die Frage nach einer legitimen, genuin christlichen Esoterik. Daß es sie wirklich gibt, lehrt ein genauerer Blick auf Paulus, der zum Schaden der religiösen Identitätsfindung beiseite geschoben und aus der Erörterung der aktuellen Probleme ausgegrenzt wurde. Mit seiner Klage, daß er zu seinen Adressaten wie zu Kindern, nicht aber wie zu mündigen Geistesmenschen sprechen müsse, macht er deutlich, daß ihm im Grunde eine andere Sicht der Glaubensmysterien vorschwebt als die bildhaft-gegenständliche, in der er sie befangen sieht. Indessen ist ihm diese neue Sicht doch so angelegen, daß sie bei seiner Auslegung der Geheimnisse unwillkürlich durchschlägt. So schon bei seinem Osterzeugnis, das er zwar auch konventionell – mit dem Protokollsatz „ich habe den Herrn gesehen" (1 Kor 9,1; 15,3ff.) – ablegt, das er jedoch in seinem „Urzeugnis" in das esoterische Bekenntnis kleidet, daß ihm Gott in seiner Güte das Geheimnis seines Sohnes „geoffenbart", also ins Herz gesprochen habe (Gal 1,15f.). Gleiches gilt von der Geburt des Gottessohnes, deren Innensicht er mit dem Satz erschließt, er sei von einer Frau geboren worden, „damit wir zur Sohnschaft gelangten" (Gal 4,6). Ist das schon als Frucht und Folge der Entäußerung Jesu verstanden, so erst recht der sein gesamtes Wirken umgreifende Satz, daß er, der Reiche, für uns arm geworden ist, damit wir durch seine Armut reich wurden (2 Kor 8,9). Den ganzen Gegensatz von exoterisch-gegenständlicher und esoterisch-mystischer Darstellung mißt sodann die Eschatologie des Apostel aus, wenn er einerseits von dem Befehlsruf und dem Schall der Posaune Gottes spricht, bei dem der wiederkommende Herr vom Himmel herabsteigt und die Toten auferstehen (1 Thess 4,16; 1 Kor 15,52), und wenn er andererseits dasselbe Geschehen als einen doppelten Unterwerfungsakt deutet: der Welt unter die Herrschaft des erhöhten Christus und dessen

Unterwerfung unter Gott, damit dieser alles in allem sei (1 Kor 15,28). Vor allem aber gilt dies für das paulinische Verständnis des Kreuzes, das der Apostel zwar den unverständigen Galatern – gegenständlich – vor Augen stellte (Gal 3,1), das für ihn andererseits aber ein „Mitgekreuzigtsein" mit Christus (Gal 2,19) besagt, dem er, wie er an derselben Stelle versichert, seine mystische Identitätsfindung verdankt. Im Hinblick darauf kann nun auch der Sinn des aktuellsten Umschwungs im derzeitigen Glaubensbewußtsein genauer bestimmt werden. Danach geht es in ihm um die Wende *vom Gegenstands- zum Identitätsglauben.*

Die damit angesprochene Perspektive erinnert unmittelbar an die Diskussion um die ungeschriebene Lehre Platons[32], die sich zentral auf eine gleichsinnig anmutende Stelle seines Siebten Briefs bezieht, an der er versichert, daß über das Kernstück seiner Lehre keine Schrift vorliege noch jemals erscheinen werde, weil es sich nicht in Worte fassen lasse (341a). Nur so viel lasse sich davon mitteilen, „daß bei beständigem Ringen mit dem Problem und im Zusammenleben plötzlich etwas wie ein Licht entsteht, das mit einem Funkensprung beginnt und sich in der Seele fortpflanzt" (341d).

Während sich das „Zusammenleben" hier auf die Gesprächsgemeinschaft der platonischen Akademie bezieht, geht es bei Paulus um die Todes- und Lebensgemeinschaft mit dem Gekreuzigten und Auferstandenen, auf dessen Antlitz ihm der Lichtglanz der Gottherrlichkeit aufleuchtete (2 Kor 4,6). Zweifellos ist damit das Herzstück der ungeschriebenen

---

[32] Dazu K. Gaiser, Platons ungeschriebene Lehre. Studien zur systematischen und geschichtlichen Begründung der Wissenschaften in der Platonischen Schule, Stuttgart 1963; Th.A. Szlezak, Platon und die Schriftlichkeit der Philosophie, Interpretationen zu den frühen und mittleren Dialogen, Berlin 1985.

Lehre des Apostels berührt, das geradezu danach schreit, ans Licht gehoben und ausgearbeitet zu werden. Wenn das je gelingen soll, muß es aber zunächst dem heutigen Glaubensbewußtsein eingestiftet und als die fast schon überfällige Alternative zu dessen bildhaft-gegenständlicher Sehweise erwiesen werden.

Die Aktualität

Dazu gibt die Signatur der Zeit einen entscheidenden Hinweis. Wenn die Zeichen der Abkehr vom neuzeitlichen Reflexionsdenken auch überdeutlich sind, ist durch den Siegeszug der Medienszene doch eine Reflexivität zweiten Grades eingetreten, die die Gegebenheiten nicht nur spiegelt, sondern durch eine virtuelle Wirklichkeit verdrängt und dadurch dem Glauben die Grundlage entzieht. Gleichzeitig führt die Medienszene das wissenschaftliche Weltbild mit einer zuvor nie erlebten Suggestivität vor Augen, und dies mit der Folge, daß die gegenständliche Sicht der Glaubenslehre rapide an Glaubwürdigkeit verliert. Dem aber kann wirksam nicht durch Apologetik, sondern nur durch eine alternative Reflexivität nach dem Modell der paulinischen Innensicht begegnet werden. Sie ist das Äquivalent der von Thomas von Aquin bis Martin Buber geübten Kritik des Satzglaubens, die darauf besteht, daß sich der Glaube nicht so sehr auf die ihn umschreibenden Sätze als vielmehr auf den bezieht, den sie bezeichnen und meinen. Im gleichen Sinn muß unter dem Eindruck der ungeschriebenen Lehre des Apostels von den vergegenständlichenden Bildern auf das zurückgegangen werden, was sie bedeuten und für die religiöse Identitätsfindung abwerfen. Denn das Ziel, das es dabei zu finden gilt, ist der sich mitteilende Gott, der dadurch, daß er sich in seiner Offenbarung selbst sagt, dem

suchenden Menschen zugleich das zuspricht, was er im gott-
geschenkten Optimum seines Seinkönnens ist: das vielge-
liebte und zueigen genommene Kind dessen, der es an sein
väterliches Herz zieht.

Damit ist aber das erreicht, worauf die durch das Konzil in
Gang gesetzte Glaubenswende abzielt: ein Glaube, der
dadurch gehorcht, daß er versteht, der dadurch am Bekenntnis festhält, daß er das Geglaubte erfährt, und der dadurch
seine eigentliche Leistung erbringt, daß er „in der Liebe
wirksam" wird (Gal 5,6) und sich darin tätig verantwortet.
Im Sinn der letzten Kehre ist dies aber vor allem der Glaube
des durch Christus zur Gotteskindschaft Erhobenen, der
Glaube dessen, in dem der Geglaubte zu sich selbst erwacht,
sich selbst bestätigt und sich selbst liebt; ein Glaube, im dem
sich jetzt schon das anbahnt, was Paulus in seinem Hymnus
auf die Liebe mit den Worten umreißt: „Jetzt erkenne ich
bruchstückhaft wie im Spiegel, dann aber so, wie ich erkannt
bin" (1 Kor 13,12).

Das aber ist zugleich der Glaube, der die dreifache Verstörung überwindet, unter der das Christentum quer durch alle
Konfessionen leidet. Unter einer hermeneutischen zunächst,
die auf seiner Verwechslung mit einer primären Schriftreligion beruht und durch die Gleichsetzung von Schrift und
Offenbarung (Guardini) fundamentalistische Tendenzen
heraufbeschwört. Tatsächlich aber unterscheidet sich das
Christentum vom Islam, diesem Paradigma einer primären
Schriftreligion, dadurch, daß es von einer Gottesoffenbarung
ausgeht, die nicht in Form eines heiligen Buchs, sondern in
Gestalt des menschgewordenen Gottessohnes an die Welt
erging. Hier bedarf es nachhaltiger Aufklärungsarbeit, die
vor allem in der Sicherung und Verbreitung der Erkennt-
nisse bestehen muß, zu der die wissenschaftliche Theologie
in akribischer Denkleistung seit Beginn dieses Jahrhunderts

gelangte. Denn die Bibel ist, in ihrer menschlichen Bedingt-
heit gesehen, ein antikes Buch, das im Sinn seiner Entste-
hungsbedingungen gewürdigt werden muß, weil es nur so,
wie es verstanden sein will, auch verstanden werden kann.
Gleichzeitig muß aber auch die strukturelle Verstörung
behoben werden, die zu einer wachsenden Entfremdung
zwischen der Kirchenspitze und der Basis und dadurch zu
jenem Bruch geführt hat, der die Gefahr eines „vertikalen
Schismas" heraufbeschwört. Dazu kam es hauptsächlich
infolge jener kopflastigen Verkündigung, die längst schon
einen Überdruß gegenüber der moralischen Unterweisung
erregte und entscheidend mit dem Ungleichgewicht im
kirchlichen Kommunikationsverlauf zu tun hat. Denn noch
immer gilt hier das Wort von oben, ohne daß dem Kirchenvolk Gelegenheit zu einer wirklichen Antwort gegeben
wäre. Obwohl in der Kirche das Lehramt von ihrer ganzen
Bestimmung her „das Sagen hat", steht doch auch dem Kirchenvolk ein Mitspracherecht zu, weil sich der vom Konzil
geforderte Dialog nur in Rede und Gegenrede vollziehen
kann.

Die angesprochene Kopflastigkeit hängt aber auch mit einer
dritten Verstörung zusammen, die auf eine Verkennung des
Adressaten zurückgeht. Denn noch immer geht die kirchliche Verkündigung vom Bild eines Menschen aus, der von
einem unbändigen Lebenswillen erfüllt und von Leidenschaften umgetrieben wird, so daß er in seinem eigenen
Interesse an die Zügel genommen werden muß. Doch dieser
Mensch ist längst einem ganz anderen gewichen, der, weil er
unter einem Selbstzerwürfnis leidet und von einer schier
unstillbaren Lebensangst gepeinigt wird, in erster Linie der
Heilung bedarf. Was er bräuchte, ist die „Heilung von
Grund auf", die allein jener Helfer bewirkt, der nach Kierkegaard nicht nur Hilfe bietet, sondern „die Hilfe ist", weil er

zusammen mit seinen Gaben sich selbst als Lebenshilfe und Lebensinhalt gibt.[33] So entspricht es einem Christentum, das begriffen hat, daß es von seinem Ursprung her keine asketische, sondern eine therapeutische Religion ist. Doch wird die von Entfremdungen belastete und bis in die Frage nach ihrer Identität hinein zerrissene Christenheit dazu in der Lage sein?

Die Hoffnungszeichen

Vermutlich könnte sie sich kaum aus der gegenwärtigen Lethargie erheben, wenn ihr nicht Hoffnungsimpulse erster Ordnung zu Hilfe kämen, die, um wirksam zu werden, nur deutlicher als bisher ins allgemeine Glaubensbewußtsein eingebracht werden müßten. Es sind dies die nachwirkende Schubkraft des Zweiten Vatikanums, das als das Konzil der Wende seine Botschaft in erster Linie an die Kirche der Zukunft richtet, die im Gefolge des Konzils eingetretene Neuentdeckung Jesu und der oft schon zu Selbsthilfeaktionen verfestigte mystische Aufbruch.

Uneingelöst ist noch immer die Verheißung einer Glaubensgemeinschaft, wie sie das Konzil mit seinem zentralen Vorhaben, der Kirche in Gestalt des dialogischen Prinzips einen neuen Geist einzuhauchen, im Blick hatte. Dazu wird es schrittweise kommen, wenn der Dialog über die bisher angezielten Bereiche des innerkirchlichen Gesprächs und des ökumenischen Verhältnisses zu anderen Konfessionen und Religionen hinaus auf den bezogen wird, der den Glaubenden in ein lebenslanges Gespräch mit sich zu ziehen sucht: mit dem Gott, der sich in Person und Lebensge-

---

[33] Dazu W. Beinert (Hrsg.), Hilft Glaube heilen? Düsseldorf 1985; ferner meine Studie „Theologie als Therapie. Zur Wiedergewinnung einer verlorenen Dimension", Heidelberg 1985.

schichte Jesu auf eine zugleich übersprachliche und alle sprachlichen Möglichkeiten umgreifende Weise zu verstehen gab. Ihn verstehen aber ruft das innerste Verlangen des Menschenherzens nach Bestätigung wach und läßt es gleichzeitig aufs vollkommenste in Erfüllung gehen.

Doch die stärkste Schubkraft geht zweifellos von der entscheidenen Folgeerscheinung des Konzils in Gestalt der Neuentdeckung Jesu aus, sofern diese nur als seine spirituelle Auferstehung im heutigen Glaubensbewußtsein begriffen wird. Wie das Ereignis der Auferstehung dazu führte, daß der Verkündigende zum Verkündigten wurde, zeichnet sich auch heute eine nicht unverständliche Neigung zu dogmatischer Festschreibung ab. Doch so begründet diese immer sein mag, entsprach ihr doch schon in der ersten Stunde der Christenheit eine spirituelle Gegenbewegung, die sich am deutlichsten am Beginn des ersten Johannesbriefs ausspricht: „Was von Anfang an war, was wir gehört und gesehen, was wir mit unseren Augen geschaut und mit unseren Händen berührt haben – das Wort des Lebens: das verkünden wir euch" (1 Joh 1,1). Der Satz spricht weder vom Erlebnis der Osterzeugen noch von der Wirklichkeit der Menschwerdung, sondern davon, daß der zum Gegenstand und Herrn des Glaubens Erhobene auf neue Weise vernommen, geschaut und gefühlt wurde, so wie es in seinem charismatisch nachempfundenen Selbstzeugnis in den „Oden Salomos" zum Ausdruck kommt: „Ich bin auferstanden und in ihrer Mitte; durch ihren Mund will ich reden" (42,6).

Das entspricht aufs genaueste der Glaubenserfahrung jener Mitgestalter des Neuen Testaments, die sich aufgrund ihrer Verbundenheit mit dem erhöhten Herrn befugt wußten, bekannte Jesusworte umzuformen oder neue zu gestalten, die der inzwischen tiefgreifend gewandelten Situation entsprachen. Doch was besagt das für die Gegenwart?

Sicher nicht, daß im Sinn sektiererischer Ansprüche mit „Neuoffenbarungen" zu rechnen ist, da die Möglichkeit der Neugestaltung nach Ausweis der Kanonbildung auf die erste Stunde der Christenheit eingegrenzt war. Wohl aber tritt im Zusammenhang damit der Sinn des mystischen Aufbruchs zutage, der als das deutlichste Hoffnungszeichen der Gegenwart zu gelten hat. Er bezieht sich auf das wachsende Verlangen, daß sich der Schrein der dogmatischen und kultischen Vergegenständlichungen öffnen und sein Inhalt in einer Weise zugänglich werden möge, daß er vom Glaubenden aufgenommen, mitvollzogen und schließlich als Lebensinhalt gewonnen werden kann. Nur so entspricht es der Zusage dessen, der vom Podest seines Herrentums herabstieg, um das Freundschaftsverhältnis zu erneuern, das er seiner Jüngergemeinde zusprach. Nur so entspricht es seiner Entdeckung des neuen Gottes, der das Elend seiner Kreatur dadurch überwindet, daß er sie an sein Herz zieht, sie in ein Kindesverhältnis zu sich aufnimmt und ihre Not und Schuld im Feuer seiner läuternden Liebe verglühen läßt. Und nur so entspricht es einem Christentum, das in diesem Gott seinen Identitätsgrund entdeckt und gefunden hat. Daher mußte es von asketischen und moralischen Religionen ebenso wie von dem Modell einer primären Schriftreligion abgegrenzt werden, weil nur so der Identitätsgrund verdeutlicht werden konnte, der, wie sich dem staunenden Menschen schließlich zeigt, zugleich der Grund ist, in dem sich der Sinn seines eigenen Lebens klärt. Wenn es dem Christentum gelingt, sich dem nach Identität verlangenden Menschen als die vollgültige Beantwortung seiner Lebens- und Sinnfrage glaubhaft zu machen, ist an seiner Zukunftsfähigkeit nicht zu zweifeln. Dann wird ihm, wenngleich nur unter dem Aufgebot seiner ganzen spirituellen Kraft, der Einzug ins dritte Jahrtausend gelingen.

Der Gott Jesu Christi

Kennen wir den Gott Jesu Christi? Eine Frage, die man mit einem leidlich guten Gewissen nur bejahen könnte, wenn zuvor Einverständnis mit der These Pascals bestünde: „Nicht nur Gott kennen wir allein durch Jesus Christus, auch uns selbst kennen wir nur durch Jesus Christus; Leben und Tod kennen wir allein durch Jesus Christus. Ohne Jesus Christus wissen wir weder, was unser Leben, noch was unser Tod, noch was Gott ist, noch was wir selbst sind"(§ 548).
Ohne ihn, so schließt Pascal diesen Aphorismus, „finden wir nur Finsternis und Verwirrung im Wesen Gottes als auch in unserer eigenen Natur" (ebd.). Das Wort zeugt von einer ungewöhnlichen Einfühlung in die zentrale Lebensleistung Jesu, über die heute, um Pascals Ausdruck aufzunehmen, anstatt Klarheit weithin Finsternis und Verwirrung herrschen. Davon muß zunächst die Rede sein.

Die Übereinkunft

Im Zug der durch das Zweite Vatikanum ausgelösten Neuentdeckung Jesu kam es zu Übereinkünften, die sich der rationalen Erklärung entziehen. Sie sind ebenso förderlicher wie destruktiver Art. So kam es zu Beginn der siebziger Jahre zur Publikation einer ganzen Reihe von Jesusbüchern, die wie auf geheime Verabredung entstanden waren und sich ebenso durch das eindeutige Übergewicht der „mit Liebe" geschriebenen (Schweitzer) wie durch die Beteiligung jüdischer und agnostischer Autoren auszeichneten. An eine geheime Absprache läßt auch der Umstand denken, daß sich neuerdings die Waagschale zugunsten der „mit Haß" geschriebenen senkt. Von einer stillschweigenden Verschwörung möchte man angesichts der Tatsache sprechen, daß sich gleichzeitig die Stimmen derjenigen mehren, die einem „ambivalenten" Gott (Görg) das Wort reden und darauf abheben, daß im Gegenzug zur Gottesverkündigung des Konzils endlich wieder der strafende und schlagende Gott des Zornes und des unnachsichtigen Gerichts verkündet werden müsse. Wie kam es dazu?

Die Verdüsterung

Die Erklärung bietet Pascal selbst, wenn er von der „Finsternis und Verwirrung" spricht, die sowohl das Wesen Gottes als auch das des Menschen überlagert, wenn sie ohne Zuhilfenahme des sich in Jesus anbietenden Mediums ins Auge gefaßt werden. Die Fehlhaltung ist uralt. Sie geht zurück bis in jene für die abendländische Theologie entscheidende Weichenstellung, als aus der paulinischen „Not" eine „Tugend" gemacht wurde. Die Not des Apostels bestand in dem für ihn unumgänglichen Nachweis der Mitverantwortlichkeit der außerhalb des Offenbarungshorizonts lebenden Heiden, die sich Gott verweigerten, obwohl sie sein unsichtbares Wesen im Licht der Vernunft an seinen Werken ersehen konnten (Röm 1,18–22).[34] Aber waren sie, so ist mit dem Johannesprolog zu fragen, allein auf das Licht ihrer Vernunft angewiesen und nicht vielmehr, wie alle Welt, von dem Licht erhellt, „das jeden Menschen erleuchtet" (Joh 1,9). Doch

---

[34] Wenn Paulus diese Selbstverweigerung den Heiden mit dem Satz zuschreibt, daß sie trotz ihrer Erkenntnis „Gott nicht verherrlichen und Gott nicht dankten" (Röm 1,21), legt er damit den Ausgangspunkt eines genuin christlichen Denkens frei, das im Gegensatz zum philosophischen nicht aus dem Staunen, sondern aus der dankbaren Zustimmung zum Sein hervorgeht; dazu mein Beitrag „Dankbarkeit als denkerisches Initiationserlebnis", in: J. Seifert (Hrsg.), Danken und Dankbarkeit. Eine universale Dimension des Menschseins, Heidelberg 1992, 159–172.

jeder Antwort darauf kam die Tatsache zuvor, daß die Folgezeit das „Wort", das der Eingangssatz des Prologs anrief,
einer noch in Goethe nachwirkenden Neigung zufolge mit
„Sinn", also mit dem Logos der Weltvernunft gleichsetzte
und damit aus der Not des Apostels eine ebenso effektive
wie fragwürdige Tugend machte.[35] Effektiv, weil daraus die
Theologie der gesamten Folgezeit hervorging; doch ebenso
fragwürdig, weil diese Gleichsetzung ein Denken aus dem
(nach 1 Kor 1,30) „zur Weisheit" Gewordenen verhinderte
oder doch nur in Ansätzen aufkommen ließ. Im Zug dieses
von der alexandrischen Patristik entwickelten Ansatzes lag
es sogar, daß Anselm von Canterbury den Versuch wagen
konnte, die Menschwerdung Gottes „remoto Christo", also
logisch korrekt, aber extrem unbiblisch zu beweisen. Anselm
ist deshalb auch das Paradigma für die Fatalität dieses Ver-
fahrens, die nach Pascal in der Verfinsterung sowohl des
Gottesbegriffs als auch der menschlichen Natur besteht.
Ohne sein Ziel einer rationalen Begründung der Inkarnation
tatsächlich zu erreichen, muß Anselm einen Gott postulie-
ren, in dem sich der Heilswille und die auf unnachsichtiger
Sühne bestehende Strafgerechtigkeit die Waage halten; doch
dieser Gott fällt eindeutig hinter den von Jesus entdeckten
zurück.
Daß das widerspruchslos hingenommen und zu dem geradezu kanonischen Erlösungsmodell aufgewertet wurde,
hängt zweifellos mit der Tatsache zusammen, daß der ansel-
mische Gottesbegriff exakt der traditionellen Gottesvorstellung der Menschheit entsprach, sofern sein Lösungsmodell
nicht sogar von dieser eingegeben war. Es ist der gleicher-

[35] Dazu R. Schnackenburg, Das Johannesevangelium I, Freiburg 1965, 229
ff.; ferner mein Beitrag „Der visionäre Durchblick", in: K. Hurtz (Hrsg.),
„Faust" in der Seele, Zeitgenossen meditieren Goethe, Regensburg 1995,
19–24.

weise drohende wie liebende Gott, den Augustin, höchst suggestiv, mit den Worten beschwor: „Was ist das für ein Strahl, der mein Herz durchdringt, ohne es zu verletzen? Ich erschauere und ich erglühe, ich erschauere vor ihm, weil ich ihm unähnlich bin, und ich erglühe zu ihm, weil ich ihm ähnlich bin."[36]

Und es ist der als complexio oppositorum begriffene Gott, den Rudolf Otto mit seiner durch das Ineins von „mysterium tremendum" und „mysterium fascinosum" gekennzeichneten Bestimmung des Heiligen auf den Begriff brachte.[37] Es ist, wie sich immer deutlicher zeigt, der Gott, der nicht nur dem zwischen seltenen Aufschwüngen und häufigen Niedergängen und Rückschlägen schwankenden Weltlauf, sondern auch dem zwischen Selbstliebe und Selbsthaß zerrissenen Menschenherzen entspricht und deshalb dem religiösen Sinn auf geradezu bezwingende Weise einleuchtet, kritischer gesagt, der Gott des Einverständnisses mit dem Gang der Dinge, der mit seinen Forderungen und Verheißungen im Grunde nur das bestätigt, was immer schon ist und immer noch zu erwarten ist. Aber nährt das nicht den Verdacht, daß dieser Gott auf fatale Weise der Auffassung nahekommt, die in ihm nur eine Projektion des Menschen in seiner faktischen Lebenswelt sehen will (Feuerbach)?[38]

Die Entdeckung

Davon wird der Durchschnittsmensch kaum berührt werden, da er im Interesse der Konfliktminimierung ständig bemüht ist, sich im Gleichschritt mit dem Gang der Dinge zu

---

[36] Augustinus, Confessiones XI, c. 9.
[37] R. Otto, Das Heilige. Über das Irrationale in der Idee des Göttlichen und sein Verhältnis zum Rationalen, Breslau 1922, 13–51.
[38] L. Feuerbach, Das Wesen des Christentums (1841), Stuttgart 1994.

bewegen. Ganz anders Jesus, dessen zentrales Interesse es war, die Welt, wie es Milan Machovec im Anschluß an ein Herrenwort (Lk 12,49) formulierte, in Brand zu setzen, um daraus die „neue Schöpfung" (2 Kor 5,17) hervorgehen zu lassen. Obwohl über der Gottentdeckung Jesu tiefes Dunkel liegt, können wenigstens einige Ansatzstellen benannt werden, die zu einer Vorstellung über sie verhelfen. Dabei ist die Linie aufschlußreich, die Martin Buber sich von der Krisenstunde, die Jesus angesichts des Massenabfalls überkam, bis zu seiner Befragung durch den Hohepriester hinziehen sah.[39] Mit wachsender Dringlichkeit stellt sich Jesus dabei die Frage nach seiner Identität. Wie aber hätte diese in der Krisenstunde in ihm aufbrechen können, wenn sie ihn nicht von Anfang an bewegt hätte? Unter diesem Gesichtspunkt wird die in der Taufszene erklingende Himmelsstimme auf neue Weise hörbar: als Antwort auf die sich in dem Angerufenen ständig steigernde Frage „Wer bin ich?" Denn vollgültiger konnte sie nicht beantwortet werden als mit der Zusage „Du bist mein geliebter Sohn!"[40] Wenn sich das Glück dieser zugesprochenen Sohnschaft mit dem Eindruck verband, sie bei aller Ausschließlichkeit an die Menschen weiterzugeben zu müssen, liegt hier die Quelle der Reich-Gottes-Verkündigung Jesu, die sich jetzt als die Grundform seiner rettenden Selbstübereignung darstellt. Denn das von ihm proklamierte Gottesreich ist, so gesehen, das Medium, durch das er die Hörer der Botschaft in sein Sohnesbewußtsein einbezieht. Indirekt vermittelt davon auch die längst noch nicht hinreichend gewürdigte Sprachleistung Jesu einen Begriff. Da sich das von ihm verkündete Gottesreich (nach Lk 17,20) jeder kategorialen Bestimmung entzog, mußte er eine eigene

[39] M. Buber, Zwei Glaubensweisen, Zürich 1950, 28–34; 109 ff.
[40] Dazu A. Vögtle, Herkunft und ursprünglicher Sinn der Taufperikope, in: Offenbarungsgeschehen und Wirkungsgeschichte, Freiburg 1985, 70–108.

Sprachwelt schaffen, um die Menschen dafür zu gewinnen.
Die Frucht dieser Bemühungen waren seine aus der menschlichen Lebenswelt geschöpften und sie zugleich total trans-
formierenden Gleichnisse, durch die er die Hörer ebenso der
gewohnten Alltäglichkeit entfremdete wie seiner Selbstmitteilung erschloß. [41]
Als zweite Ansatzstelle hat aber zweifellos das Gebet Jesu zu
gelten, über das die ersten zwei Vaterunserbitten, die Bitte
um Heiligung des Gottesnamens und um das Kommen des
Gottesreiches, Aufschluß geben. Den Schlüssel dürfte das
programmatische Wort des Jesus in viele Hinsicht naheste-
henden Propheten Jeremia bieten: „Fanden sich Worte von
dir, so verschlang ich sie. Dein Wort war mir Glück und Herzensfreude; denn dein Name ist über mir ausgerufen, Herr,
Gott der Heere" (15,16).
Das Wort weist zurück auf das prophetische Urereignis in
Gestalt der Szene am brennenden Dornbusch, die darin gip-
felt, daß der Gott Israels dem Offenbarungsempfänger Mose
das gewährt, was er dem mit ihm kämpfenden Jakob (nach
Gen 32,30; Ex 6,3) verweigert hatte: die, nach Gerhard von
Rad als Selbstübereignung zu verstehende, Nennung seines
Jahwe-Namens (Ex 3,14). [42] Allen Anzeichen nach hatte die
Gebetserfahrung Jesu darin ihre Mitte, daß diese zunächst
verweigerte, dann aber gewährte Selbstbenennung Gottes in
ihm ihr Endziel erreichte. Denn auch bei dem Jahwenamen
blieb, wie die in ihm noch nachklingenden Elemente der
Übermacht (der „Starke Jakobs") und des Schreckens (der
„Schreck Israels") zeigen, die damit gegebene Liebesbekun-
dung von konträren Motiven verschattet, so daß selbst der

---

[41] Dazu das Kapitel „Das Reich im Wort" meines Jesusbuchs „Der Freund",
München 1989, 122–150.
[42] G. v. Rad, Theologie des Alten Testaments I, München 1957, 180 ff.; II,
München 1960, 313.

zu einer lichtvollen Interpretation neigende Martin Buber von dem gleicherweise „grausamen und gütigen Herrn" seines Volkes sprechen konnte. [43]

Die Fulguration

Auch wenn über der Gebetserfahrung Jesu ein undurchdringlicher Schleier liegt, darf doch aus der nach Anton Vögtle von der Urgemeinde rekonstruierten Taufszene auf das sie prägende Zentralerlebnis zurückgeschlossen werden. Das aber gewinnt sein volles Relief, wenn im Sinn der lukanischen Perikope vom Tempelbesuch des Zwölfjährigen davon ausgegangen werden darf, daß sich, entsprechend seiner Antwort auf den Vorwurf der Mutter – „Wußtet ihr nicht, daß ich dorthin gehöre, wo mein Vater ist?" (Lk 2,49) –, in ihm die Frage nach seiner Identität mit wachsender Dringlichkeit ausformte. Dies vorausgesetzt, wird dann das Wort der Himmelsstimme als die unüberbietbare Antwort auf die Identitätsfrage des Beters hörbar. Was kein Auge jemals schaute, was kein Ohr jemals vernahm, und was niemals in ein Menschenherz drang, das wird ihm mit der Zusage „Du bist mein geliebter Sohn!" ins Herz gesprochen. Das Wort stellt seine Existenz auf eine neue Basis. Jetzt hängt er nicht mehr wie die ganze Schöpfung am „Eimer" (Jes 40,15) der göttlichen Allmacht, nein, jetzt gehört er mit seinem innersten Selbstsein zu Gott, und das einst beim ersten Tempelbesuch aufkeimende Gefühl der Zugehörigkeit zu ihm nimmt ihn wie eine alles Kreatürliche überschäumende Woge in sich auf. Doch das Innerste bleibt vom Schleier der Unzugänglichkeit verdeckt.

---

[43] M. Buber, Der Jude und sein Judentum, Köln 1963, 182 f.

Wo Begriffe fehlen, da stellt nach Goethe ein Wort zur rechten Zeit sich ein. Für Vorgänge der zur Rede stehenden Art prägte Konrad Lorenz in bewußtem Rückgriff auf die Sprache der Mystik den Ausdruck „Fulguration". Er bietet sich schon deshalb an, weil er das unverhoffte Aufblitzen derartiger Erfahrungen ebenso wie das Moment der Überwältigung durch sie veranschaulicht. Mitgesagt ist dabei auch, daß alles, Überkommenes wie Geleistetes, in eine neue Beleuchtung tritt und nun in seinem Vollsinn erkennbar wird. Mit dem Moment des unverhofften Gewährtseins dieser Erfahrungen hängt dann wohl auch die eigentümliche Dialektik des gewonnenen Besitzstandes zusammen, die sich am besten als eine alles und alle einschließende Ausschließlichkeit beschreiben läßt. Denn wenn irgendwo, liegt hier der Ursprung des Begriffs, den Jesus nach der Inkubationszeit der vierzigtägigen Versuchung ins Zentrum seiner Verkündigung stellt, der Ursprung seiner Proklamation des Gottesreichs. So viel in den Begriff an Reminiszenzen und Vorgegebenheiten eingeflossen sein mag, ist er doch primär als das Gefäß zu deuten, mit dessen Hilfe der in unantastbarer Ausschließlichkeit zum Gottessohn Erklärte dieses Glück an alle Aufnahmebereiten weitergab. Daraus erklärt sich die von Jesus betonte Unmöglichkeit, das Gottesreich zu definieren und auf Kriterien festzulegen. Es erklärt sich daraus aber auch die exzeptionelle Sprachleistung Jesu, die ihn dazu brachte, diese Unmöglichkeit durch die Schaffung seiner Gleichnisse zu überwinden.

Das Vaterbild

Was in der Fulguration aufblitzte, war vor allem aber das Antlitz des neuen Gottes, den Jesus für sich, für sein in tödlicher Gefahr schwebendes Volk und für die ganze leidverfallene Menschheit entdeckte. Was er sah, drängte ihm ein Wort auf die Lippen, in dem sich Staunen, Beglückung, Dankbarkeit, Hingabe und Ehrfurcht mischten: die ehrfürchtige Zärtlichkeitsanrede „Abba – Vater". Auch über der Artikulation des „Urschreis", in dem dieses Wort erstmals erklang, liegt der Schleier, der die „Tiefen der Gottheit" verhüllt. Doch ist davon, ähnlich wie in der Taufszene, ein Echo zu vernehmen, wenn der Lukasevangelist Jesus die Bitte der Jünger um Unterweisung im Gebet mit der Belehrung beantworten läßt: „Wenn ihr betet, so sprecht: Vater, dein Name werde geheiligt. Dein Reich komme" (Lk 11,2). [44]

Das hatte Paulus in dem großen Wort des Römerbriefs vorweggenommen, das zugleich die beiden Voraussetzungen der Abba-Anrufung verdeutlicht. Wer sie wagt, muß den Stand der Knechtschaft überschritten haben. Und zudem bedarf er der Fürbitte und Mitsprache des in ihm betenden Gottesgeistes: „Denn ihr habt nicht einen Geist empfangen, der euch zu Sklaven macht, so daß ihr euch immer noch fürchten müßtet; vielmehr habt ihr den Geist empfangen, der euch zu Söhnen macht, den Geist, in dem wir rufen: Abba –Vater!"(Röm 8,15).

Versucht man, von diesem zweifachen Echo auf den „Urschrei" Jesu zurückzuschließen, so wird deutlich, daß er mit der Abba-Anrufung Gottes ebenso sehr den Himmel aufriß, wie sich dieser auf ihn herabneigte. Mit ihm bahnte er sich Zugang zum Herzen Gottes, während er gleichzeitig die Wand durchbrach, die sich durch die Projektion der Welt- und Todesängste auf das Gottesgeheimnis vor diesem aufgebaut hatte. Jetzt war klar, welcher Name über ihm, dem Erwählten, ausgerufen worden war. Es war der Vatername,

---

[44] Dazu L. Schenke, Die Urgemeinde. Geschichte und theologische Entwicklung, Stuttgart 1990, 96 ff.

mit welchem Gott, allen pessimistischen und feministischen Einwänden zum Trotz, angerufen werden will. Und die Begründung dafür: weil kein anderer Name so sehr seine Tiefen entsiegelte, sein Innerstes zum Leuchten brachte und an sein Herz rührte wie dieser eine: Abba – Vater. Wie Nietzsches Zarathustra den „Feuerhund" mit dem Satz in seine Höhle zurückdrängt: „das Herz der Erde ist von Gold", steht dieser Name dafür ein, daß das Herz Gottes, wie es dann der erste Johannesbrief auf der höchsten Reflexionsstufe des Neuen Testaments sagt: „die Liebe" ist (4, 8.16).

Alles ist im Sinn dieses Schlüsselwortes daran gelegen, daß dieser Satz, der das von Jesus entdeckte Vaterantlitz Gottes auf den Begriff gebracht hat, weltweit zur Geltung kommt und gegen alle Einreden aufrechterhalten wird. Denn er ist der unverzichtbare Grundsatz des gesamten Lebenswerkes Jesu. Seine Verkündigung des Gottesreiches ist davon ebenso getragen wie die „neue Gerechtigkeit", zu der das Ethos der Bergpredigt anleitet. Selbst sein Tod und seine Auferstehung werden erst im Licht dieses Satzes verständlich. In seinem Licht muß dann aber auch die ganze Schrift gelesen, der Glaube gedeutet und vollzogen, die christliche Kommunikation und Praxis gestaltet werden. Denn der Gott der bedingungslosen Liebe ist die Sonne, die der Matthäusevangelist über den in „Finsternis und Todesschatten" Sitzenden aufgehen sah (4,14 ff.). Alles muß daran gesetzt werden, daß dieser Sonne gegen alle abblendenden und verdüsternden Tendenzen zum vollen Durchbruch verholfen wird.

Die Nebelwand

Daß in dieser Frage alles auf eine Entscheidung drängt, zeigt sich fast überdeutlich daran, daß einerseits die Hindernisse kenntlich werden, die den Blick auf das Zentralgeheimnis des Glaubens faktisch verstellen und daß sich andererseits Stimmen zu Wort melden, die sich der aufkeimenden Einsicht widersetzen. So entsteht eine Situation, wie sie schon die Eingangssätze des gnostischen Evangelium Veritatis schildern. Nachdem zunächst die Unkenntnis hinsichtlich des Vaters beklagt wurde, die Furcht und Schrecken erregte, heißt es von dieser: „Das Erschrecken aber verdichtete sich zu einer Art Nebel, aus dem niemand heraussehen konnte."[45]

Vernebelnd wirkte zunächst schon, wie kaum begründet zu werden braucht, die auf die Erregung von Sünden- und Höllenangst ausgerichtete Pädagogik, die sich davon die Akzeptanz des kirchlichen Heilsangebots versprach, diesem aber dadurch in einem Akt paradoxer Selbstbeschädigung den Grund seiner Faszination entzog. Denn die Gottentdeckung Jesu hat ihre Mitte gerade darin, daß mit ihr der Schatten des Angst- und Schreckenerregenden aus dem traditionellen Gottesbild beseitigt und auf seinem Grund das Antlitz des bedingungslos liebenden Vaters sichtbar gemacht wurde. Die nach Oskar Pfister von allen christlichen Konfessionen geübte Praxis stand – und steht – somit in einem geradezu diametralen Gegensatz zur religiösen Großtat Jesu und richtet sich insofern immer schon durch diesen Selbstwiderspruch.[46]

Womöglich noch fataler wirkte sich in dieser Hinsicht die Deutung von Jesu Tod als die seinem Gott dargebrachte Sühneleistung aus, die ihre schier unwiderlegbare Plausibilität der Tatsache verdankt, daß sie die unmittelbar einleuchtende Antwort auf die quälende Frage zu geben schien, warum der Gottessohn nach einem Leben der sich verströ-

---

[45] H.-M. Schenke, Die Herkunft des sogenannten Evangelium Veritatis, Göttingen 1959, 33 f.
[46] O. Pfister, Das Christentum und die Angst (1944), Frankfurt 1985.

menden, bisweilen auch leidenschaftlich aufflammenden
Liebe den entsetzlichen Kreuztod erleiden mußte. Doch
diese Antwort litt an demselben Widerspruch; setzte sie
doch – in Abkehr vom Gott Jesu Christi – einen Gott voraus,
der sich im Interesse seiner Strafgerechtigkeit den Opfertod
seines eingeborenen Sohnes abverlangen mußte. Um im Einverständnis mit dem Todesgeschick Jesu bleiben zu können,
griff die Christenheit somit im Bruch mit seiner zentralen
Lebensleistung auf eben den Gott zurück, den Jesus hinter
sich gelassen und überwunden hatte. Daß dieser beharrlich
übergangene Widerspruch aufgedeckt werden konnte, ist
nicht zuletzt die Folge der sich zusehends mehrenden Stimmen, die für einen „unpassenden" (Metz) und „un-heilen"
(Görg) Gott plädieren und darauf insistieren, daß das Evangelium verfälscht werde, wenn es als Frohbotschaft und
nicht mit wenigstens demselben Gewicht als Drohbotschaft
begriffen werde (Meisner). Das aber kann nur dahin verstanden werden, daß die Frage nach der Gottesbotschaft Jesu zur
definitiven Entscheidung ansteht. Denn die angesprochenen
Stimmen plädieren, beim Wort genommen, für eine Zurücknahme der Lebensleistung Jesu. Nicht umsonst erhoben sie
sich im Zug der Diskussion, die um die mittlerweile ganz
offen betriebene Zurücknahme der konziliaren Errungen-
schaften entbrannte. Dabei stellt sich immer deutlicher heraus, daß es im Kampf um das Vermächtnis des Konzils um
etwas weit Gundsätzlicheres geht als nur um den innerkirchlichen Dialog und die Öffnung der Kirche zur Welt: um
die Identität des Christentums und deren Kristallisations-
kern, die Gottentdeckung Jesu. Und nicht minder klar stellt
sich heraus, daß der innerste Widerstand gegen den konziliaren Aufbruch der Resignation entstammt, deutlicher noch
gesagt: dem resignativen Einverständnis mit dem zwischen
endlosem Dunkel und seltenen Aufhellungen schwanken-

den Zeitenlauf und dem unterschwelligen Zweifel, ob es dem Christentum gegeben ist, darin einen Wandel zum Besseren herbeizuführen.

Das Grundwort

Mit bloßen Gegenargumenten ist es nicht getan. Überlebte Paradigmen werden nach Thomas S. Kuhn nicht argumentativ zum Verschwinden gebracht, sondern nur durch innovatorische Konzepte, die auf die Ausarbeitung einer gültigeren Alternative abzielen. Wenn die angesprochene Krise tatsächlich an die Identität des Christentums rührt, kann dem nur dessen Neukonzeption gerecht werden. Dabei geht es um die Freisetzung jenes Grundbestandes, der durch den derzeit um sich greifenden religiösen Defätismus verdunkelt wird. Es geht also, um es auf den Punkt zu bringen, um die Wiederentdeckung des Vaterantlitzes im Sinngrund des Glaubens. Doch wird diese Entdeckung gelingen?

Als hätte er diese Frage im Ohr, bestreitet dies Reinhold Schneider in dem kurz vor seinem Tod vollendeten Bekenntniswerk „Winter in Wien" mit dem in die Tiefe der Krise vorstoßenden Geständnis: „Und das Antlitz des Vaters? Das ist ganz unfaßbar." [47]

Den soziologischen Hintergrund markiert das Schlagwort von der „vaterlosen Gesellschaft". Doch Hubertus Tellenbach, der dem Vaterbild in nahen und fernen Kulturen nachging, sprach gleichzeitig vom „Suchen nach dem verlorenen Vater". Damit stieß er auf dem Tiefpunkt der Krise die Tür zur Neuentdeckung von Gottes Vaterantlitz auf, die sich aber zweifellos nur dann gegen glaubens- und situations-

---

[47] R. Schneider, Winter in Wien. Aus meinen Notizbüchern 1957/58, Freiburg 1958, 131.

analytische Einwände offenhalten läßt, wenn die Suche auf einem innovatorischen Weg unternommen wird. Wie ist das zu erreichen?

Am sichersten durch die Ausleuchtung der Konsequenzen, die sowohl das Gottes- und Selbstverhältnis des Menschen als auch den Glauben und die gläubige Sinndeutung von Welt und Bibel betreffen. Was zunächst das Gottesverhältnis anlangt, so schwindet daraus zwar keineswegs der Ernst und die Ehrfurcht, wohl aber jede Spur von knechtischer Furcht, weil ein liebender Vater nicht schwerer gekränkt werden kann als durch ein von Angst vor ihm diktiertes Verhalten der Kinder. Mehr noch: die Entdeckung des liebenden Vaters bricht den Bann, den die schrecklichste aller Ängste, die Gottesangst, über das Menschenherz legte. Und sie ist überdies die Gewähr dafür, daß das Christentum insgesamt als die große Religion der Angstüberwindung begriffen und zur Geltung gebracht werden kann. Denn alle anderen Formen theistischer Religiosität lassen sich auf die Formel bringen: „Gott sieht dich!" Sie rechnen somit mit einem Gott, der als ein alles beherrschendes Über-Ich den Menschen bis in seine innersten Regungen hinein überwacht und dadurch vor das Forum seiner allwissenden Macht und Gerechtigkeit zieht. Anders das Christentum, dessen Innerstes erst mit der Formel „Gott liebt dich" berührt ist.

Unter der Sonne dieser Liebe blüht das Menschenherz auf ungeahnte Weise auf. Denn das Innerste dieses Gottes ist einem Wort des Hermeneutikers Ernst Fuchs zufolge das Menschliche. Wer zu ihm aufblickt, kann nicht zittern; denn er gewahrt in ihm seinen Sinn- und Identitätsgrund. Weit davon entfernt, sich an ihn, wie immer gemutmaßt wird, zu verlieren, findet er sich erst ganz in ihm. Dabei ereignet sich das eigentliche Wunder dieses neuen Gottesverhältnisses: Gott wird gefunden, weil er den zu ihm Aufblickenden an sich zieht. An das Herz dieses Gottes gezogen, gewinnt der Mensch aber nicht nur seine volle Identität; vielmehr ist diese nur die Folge jener Verwandlung, die der erste Johannesbrief mit dem enthusiastischen Satz anspricht: „Seht, wie groß die Liebe ist, die der Vater uns geschenkt hat: Wir heißen Kinder Gottes, und wir sind es" (3,1).

Eindringlicher kann nicht mehr gesagt werden, daß es dem Christentum, entgegen dem Anschein, den seine ethische Selbstdarstellung erweckt, nicht so sehr um die Erziehung als vielmehr um die Erhebung des Menschen zu tun ist und daß es dies mit dem leuchtenden, wenngleich heute sträflich vernachlässigten Begriff der Gotteskindschaft – nach Albert Schweitzer der Zentralbegriff der Verkündigung Jesu und ihrer Interpretation durch Paulus – zum Ausdruck brachte. Gotteskindschaft – das ist das von Nietzsche mit dem „Schleuderstein" seines Übermenschen vergeblich angezielte Ideal des über seine Kreatürlichkeit hinausgehobenen, in die Weisheit, Liebe und Lebensfülle Gottes eingetauchten Menschen.

Wenn so sein Selbstverhältnis auf eine neue Basis gestellt wird, dann erst recht der Vollzug seines Gottesverhältnisses im Glauben. Es ist nicht mehr der aus der Unterwerfung unter die Autorität des Offenbarungsgottes hervorgehende Gehorsamsglaube, sondern der Glaube des mitwissenden und ins Einvernehmen gezogenen Freundes. Längst schon hat der Glaube für ihn aufgehört, eine religiöse Pflicht zu sein. Wie das Gotteswort für den Propheten Wonne und Herzensfreude war, ist es für ihn vielmehr ein unausdenkliches Glück, glauben und glaubend sich das im menschgewordenen Gottessohn zugesprochene Offenbarungswort aneignen zu dürfen. Für ihn hat der Glaube aber auch aufgehört, ein bloß rezeptives Verhältnis zu Gottes Selbstmitteilung zu sein. Er weiß, daß dieses Wort nicht nur hingenommen, son-

dern mitgesprochen und mitvollzogen sein will, daß ihm
also immer neue Aspekte abgewonnen und immer neue
Impulse entnommen werden sollen. So sieht er sich von dem
traditionell rezeptiven Glaubensverständnis spontan zu
einem kreativen geführt.

Die neue Lesart

Daß damit eine neue Sinndeutung von Welt und Bibel verbunden ist, sagte mit großem Nachdruck Nikolaus von Kues
im abschließenden Widmungsschreiben seiner „Docta igno-
rantia", wo er versichert: „Wer in Jesus eindringt, dem
gelingt alles, und weder die Schriften noch diese Welt können für ihn schwer zu erschließen sein, weil er in Jesus
umgewandelt wurde kraft des in ihm wohnenden Geistes
Christi, der das Ziel alles geistigen Verlangens ist."[48]
Damit ist zunächst ein neues Weltverständnis angesagt: die
Welt, gesehen mit den Augen und angenommen mit dem
Herzen Jesu. Das aber ist eine Welt, die ihrem in Schmerzen
angestrebten Sehnsuchtsziel, die Freiheit der Gotteskindschaft zu erlangen (Röm 8,18–25), jetzt schon nähergebracht
werden und in ihrem bildsamsten Bereich, dem gesellschaftlichen, jetzt schon Konturen des von Jesus verkündeten Gottesreiches annehmen soll.
Entsprechendes gilt für die Welt der biblischen Schriften,
die, der kühnen Anweisung des Kusaners zufolge, ebenfalls
im Geiste Jesu gelesen und beherzigt werden müssen. Das
kommt einer eindeutigen Absage an die neuerdings praktizierte „Querschnittslektüre" gleich, die Schriftstellen, gleich
welcher Herkunft und Dignität, einfach aneinanderreiht, um
daraus die vermeintliche „Lehre" abzuleiten. Begreiflich,

---

[48] Nikolaus von Kues, Die belehrte Unwissenheit III, Hamburg 1977, 101.

daß sich dann das gewohnte und heute wiederum favorisierte Bild einer ebenso tröstenden wie drohenden Botschaft
ergibt. Doch nach der kusanischen Direktive muß die Schrift
auf ihre von der Lebensleistung Jesu gebildete Mitte hin
gelesen werden, weil sich nur von dorther der Stellenwert
der einzelnen Aussagen definitiv und authentisch ergibt.
Diese Mitte erweist sich außerdem als ein höchst effektives
diakritisches Prinzip. Sühne- und Opfervorstellungen verlieren, gemessen an dem von Jesus entdeckten Vatergott,
ebenso den Boden wie die vergleichsweise häufigen und
drastischen Drohungen, es sei denn, daß sie, so wie sie
gemeint sind, als Hinweise auf den Ernst der von der Gottesbotschaft Jesu geforderten Entscheidung verstanden werden.

Doch die Mitte, auf die hin das Evangelium gelesen werden
will, ist nicht nur Kristallisationszentrum; sie lebt! Das versetzt die Lektüre in eine neue, ausgesprochen dialogische
Dimension. Der biblische Text wird zunächst zu einer
Instanz, die sich nicht nur befragen läßt, sondern Fragen
stellt und dadurch ein Korrespondenzverhältnis zu sich
zieht. Zum vollen Dialog entwickelt sich dieses freilich erst,
wenn aus dieser Mitte derjenige hervortritt, der, mit Cusanus zu reden, alle Hemmnisse dadurch beseitigt, daß er sich
selbst als „Weg" und „Tür" zum Gottesgeheimnis erweist.
Mit seinem „Wohltaten spendenden" und als Hingabe an
Gott und die Menschen gelebten Dasein deckt er die ganze
„Höhe, Breite und Tiefe" dieses Geheimnisses ab, so daß
Gott, wie immer er zuvor begriffen wurde, allein in der
durch ihn leibhaftig gebildeten „Lesart" erscheint. Die aber
besagt, mit dem Eingangswort des ersten Johannesbriefes
gesprochen: „Gott ist Licht, und Finsternis – verstanden als
die Finsternis des Angst- und Schreckenerregenden – ist
nicht in ihm" (1,5).

Doch Jesus ist als „Wegbereiter und Vollender des Glaubens" (Hebr 12,2) zugleich der Ursprung aller christlichen Mystik. Nicht umsonst antwortet seiner Anrufung „Abba – Vater" die Zusage „du bist mein geliebter Sohn". Das entspricht dem Elementarvorgang der mystischen Inversion, die alle religiösen Aktivitäten auf eine göttliche Initiative zurücknimmt und dadurch in ein, wie Ferdinand Reisinger sagt, entlastendes und befreiendes Widerfahrnis verwandelt. So wird die Erkenntnis Gottes mit Paulus als ein Erkanntsein durch ihn (Gal 4,9) und die Liebe zu ihm mit Augustin als Reflex eines vorgängigen Geliebtseins durch ihn erfahren.

Damit ist der Horizont der Bibel-Hermeneutik aber bereits auf den einer Glaubens- und Lebenshermeneutik hin überschritten. Auf den göttlichen Liebesgrund zurückbezogen, wird alles zur Frage, weil es nun in einer letzten Frag- und Denkwürdigkeit erscheint. Doch diese Frage verstummt, kaum daß sie gestellt wurde, unter dem Eindruck der Antwort, die Gott mit und durch sich selbst gibt. Durch sie wird alles, angefangen von der Existenz bis hin zu den Akten ihres Vollzugs, aber auch angefangen von den Lebensbeziehungen bis hin zu den Schicksalen und Widerfahrnissen, vor allem aber die Beziehung zu Gott in Glaube, Hoffnung und Liebe zu Gewährungen seiner liebenden Selbstzuwendung. Wer Jesus, insinuiert durch seine Botschaft und bewogen durch seine Lebensleistung, in die Tiefen seiner Gottentdeckung folgt, sieht sich durch Gott mit Gott und dadurch zugleich mit sich selbst beschenkt. Erst dadurch hat er den „Gott Jesu Christi" wirklich kennengelernt.

Der unsichtbare Sonnenaufgang

Das Zeichen des Widerspruchs

In seinem Buch „Vergil, Vater des Abendlandes" schrieb der unvergessene Publizist und Systemkritiker Theodor Haekker: „In solchen Zeiten, o meine Freunde, wollen wir beizeiten überlegen, was wir mitnehmen wollen aus den Greueln der Verwüstung. Wohlan: Wie Aeneas zuerst die Penaten, so wir zuerst das Kreuz, das wir immer noch schlagen können, ehe es uns erschlägt. Und dann: Nun, was einer am heißesten liebt". Das klingt wie das Motto, das die religiöse Diskussion der jüngeren Zeit, die heftigste seit langem, bestimmte. Dem Kreuz wurde der Kampf angesagt, weil man es als Zeichen der Gewalt und Intoleranz erachtete, obwohl doch jedermann wußte, das es nicht zurückschlug, wenn man es schlug. Indessen hatten die Bibelfesten unter seinen Gegnern dafür sogar den Ausspruch Jesu parat, daß er nicht gekommen sei, den Frieden zu bringen, sondern das Schwert. Dabei entging ihnen allerdings, daß dieses Wort die Friedensmission des Christentums keineswegs verneint, sondern nur das bestätigt, was sie selbst taten. Denn es veranschaulicht lediglich, daß der Kreuzesglaube, wie gerade die heftigen Diskussionen der letzten Zeit vor Augen führten, polarisiert. Doch damit ist der Vorwurf keineswegs widerlegt. Wer könnte ernsthaft bezweifeln, daß im Zeichen des Kreuzes schreckliche Gewalt nach innen und außen verübt worden ist, angefangen von den Kreuzzügen, denen das Kreuz sogar seinen Namen herleihen mußte, bis hin zu den Inquisitionstribunalen, bei denen buchstäblich unter dem Kreuz gedroht, gefoltert und getötet wurde. Erbittert fragt man sich, wer da wohl am schwersten gelitten hat: die Opfer einer fanatischen Strafjustiz, die dem Glauben durch brutale Gewalt Geltung zu schaffen suchten, oder der Gekreuzigte, über den in einem ähnlich inquisitorischen Prozeß das Todesurteil verhängt worden war und der deshalb nicht schlimmer als durch eine derartige Strafjustiz verraten werden konnte. Das sind böse Hypotheken, die begreiflicherweise in das Denken derer hereinspielen, die das Werk der Kreuzesverdrängung betreiben.

Der Hintergrund

Doch der Streit um das Kreuz hat auch einen Hintergrund, der aufgehellt werden muß, wenn aus der Krise die rechten Lehren gezogen werden sollen. Das betrifft in seinem Fall ebenso wie in dem der Verdrängung zunächst die Vorgeschichte. Denn wer das Kreuz beseitigt, knüpft, ob er sich dessen bewußt ist oder nicht, an die Tradition der religiös motivierten Bilderstürme an, die, biblisch gesehen, auf das alttestamentliche Bilderverbot zurückgehen und sich vor allem unter der byzantinischen Isaurierdynastie, auf dem schwarmgeistigen Flügel der Reformation, während der Französischen Revolution und zur Zeit des nationalsozialistischen Terrors ereigneten. In Akten einer zwar fromm gemeinten, aber nur pathologisch zu deutenden Selbstbeschädigung entledigten sich in den beiden erstgenannten Fällen Christen eben der Zeugnisse, die religiöser Sinn und künstlerisches Ingenium zur Weckung und Festigung des Glaubens hervorgebracht hatten. Es lag nur zu nahe, daß, wie die letztgenannten Beispiele verdeutlichen, Religionskritik und Kirchenhaß diese Vernichtungsspur aufnahmen. Doch hat auch das Kreuz seine Geschichte, die mit seiner anfänglichen Abwesenheit beginnt, da die Christen, solange immer noch Menschen ans Kreuz geschlagen wurden, keine

Kreuzesdarstellungen ertrugen. Einzug in den gottesdienstlichen Raum hielt das Kreuz erst im Reich Konstantins und hier, wie die Karfreitagsliturgie noch bis heute erkennen läßt, in Form eines mit Juwelen besetzten Siegeszeichens. Von dieser Auffassung waren auch noch die romanischen Kruzifixe geprägt, die den Gekreuzigten im Königsornat seiner bereits beginnenden Verherrlichung darstellten. Den großen Umschwung führten ausgerechnet die Kreuzzüge herbei, die genauere Kenntnis von der palästinischen Heimat Jesu vermittelten und dadurch ein neues Interesse an seiner Lebens- und Leidensgeschichte weckten. Jetzt entstand die Darstellung des grausam Hingerichteten und unter Qualen Sterbenden, die ihre erschütterndste Ausgestaltung im Kreuzigungsbild des Isenheimer Altars erlangte.

Der Rückstand

Die heute vorgebrachten Einwände hängen, von anderen Motiven einmal abgesehen, auch damit zusammen, daß die inzwischen obligatorisch gewordene Kreuzesdarstellung auf der Entwicklungsstufe eines Kreuzes stehenblieb, das lediglich die Qualen des Gekreuzigten, nicht jedoch seine Todüberwindung und Verherrlichung zum Ausdruck brachte. Eine Reihe von Schwierigkeiten, auch gläubiger Christen, hängt mit dieser theologischen Einseitigkeit zusammen. Doch hatte diese einen noch weit tieferen Grund. Denn während die Darstellung auf dem Stand des Spätmittelalters verharrte, ging, wie es nicht anders sein konnte, die theologische Frage nach der Bedeutung des Kreuzes weiter. Und es verdient festgehalten zu werden, daß es vor allem Außenseiter waren, die diese Frage vorantrieben. An erster Stelle Sören Kierkegaard, der mit allem Nachdruck darauf hinwies, daß das Kreuz synchron mit der großen Einladung an die Bedrückten und Beladenen gesehen werden muß, denen Jesus seine „Ruhe" zusichert, und somit als der Exzeß einer Liebe, die unterschiedslos alle an sich zieht und keinen, dem sie sich einmal zuwandte, je wieder aus ihrer Umarmung entläßt. Das steigerte der größte Christentumskritiker Friedrich Nietzsche zu dem kühnen Gedanken, daß Jesus nicht nur durch seine Henker, sondern in ihnen gelitten habe. Ausgerechnet in seinem „Antichrist" versichert er: „Und er bittet, er leidet, er liebt *mit* denen, *in* denen, die ihm Böses tun." Als bisher letzter meldete sich in diesem Zusammenhang der Agnostiker Hans Blumenberg zu Wort. In seinem Buch „Matthäuspassion" verweist er auf die erstaunliche Paradoxie des im ersten Evangelium überlieferten Todesschreies Jesu. Wörtlich bemerkt er: „Das Paradox dieses ursprachlichen Herrenwortes besteht doch darin, daß einer Gott als den seinen anruft und zugleich ihn als den Nicht-Seinen der Verlassenheit anklagt." Mit der ihnen eigenen Eindringlichkeit bestätigen diese Glanzlichter, daß die Jesusfrage die Geister weit über den Kirchenraum hinaus bewegt und nicht selten von Außenseitern in neue Perspektiven gerückt wird.

Zweck und Sinn

Inzwischen konzentrierte sich die theologische Forschung auf die auch zahlreiche Laien bedrängende Alternative: Zweck oder Sinn? Denn aufgrund einer unvordenklichen Tradition wurde bisher immer nur nach dem Zweck des Todes Jesu gefragt, da diese Frage vom Neuen Testament die fast einhellige Antwort erhalten hatte: er mußte sterben, weil der Strafgerechtigkeit Gottes nur durch sein Lebensopfer die vollgültige Genugtuung erbracht werden konnte. Er starb also, wie eine Schlüsselstelle sagt, „als Sühnopfer nicht nur für unsere Sünden, sondern für die Sünden der ganzen Welt". Inzwischen mehrten sich aber die Stimmen derer, die sich fragten: wie konnte Gott diesen grausamen Tod von seinem vielgeliebten Sohn einfordern, und, wenn er es tat, welche Genugtuung konnte er bei seinen Todesqualen empfinden, und wie konnten diese, selbst wenn auch dies zutraf, einen Ausgleich für die Sündenschuld der Menschheit bewirken? Ja, selbst wenn Gott das von seinem Sohn gefordert hätte, was er Abraham, dem Vater des Glaubens, nach dem biblischen Bericht erlassen hatte, wie stand es dann um ihn selbst? War er dann noch der Gott der bedingungslosen Liebe, den Jesus in ihm entdeckt und mit dem kindlich-vertrauenden „Abba-Vater" angerufen hatte? Und war er dann noch der „Vater der Erbarmungen und der Gott allen Trostes", den Paulus verkündet und seinen Adressaten ins Herz gesprochen hatte?

Die Antwort kann nur lauten: er war es nicht. Mehr noch: der Gott der unerbittlichen Strafgerechtigkeit stand in einem unüberbrückbaren Gegensatz zu dem Gott Jesu, der sich dadurch als der größte Revolutionär der Religionsgeschichte erwies, daß er das Dunkel des Drohenden und Beängstigenden aus dem traditionellen Gottesbild der Menschheit und auch aus dem seines eigenen Volkes ersatzlos tilgte und statt dessen das Antlitz des bedingungslos liebenden Vaters zum Vorschein brachte. Es handelte sich somit um den bereits erwähnten Rückfall in das alte, durch Jesus überholte und überwundene Gottesbild, als die junge Christenheit begann, sein schmach- und qualvolles Sterben am Kreuz als Sühneleiden auszulegen. Sie tat es offensichtlich deshalb, um eine Antwort auf die quälende Frage nach dem Beweggrund dieses scheinbar sinnlosen Todes Jesu zu erhalten.

Doch das Licht, das mit dem Opfergedanken auf den Tod Jesu zu fallen schien, zog eine Verfinsterung des Gottesbildes nach sich. Während sich das Rätsel seines Todes aufzuhellen schien, versank das von ihm entdeckte Antlitz des Vaters in undurchdringliches Dunkel.

Opfertod und Sühnedienst

Im Hinblick darauf stellt sich unweigerlich die Frage, wie es zur Beantwortung des quälenden „Warum", vor das sich die Jüngergruppe und in deren Gefolge die Urgemeinde durch den Kreuztod Jesu gestellt sah, mit dessen Deutung als Sühneleistung kommen und wie sie sich des Glaubensbewußtseins, selbst des Großteils der neutestamentlichen Schriften, bemächtigen konnte. In diesem Zusammenhang läßt der Bericht der Apostelgeschichte (6,7) aufhorchen, wonach schon relativ früh eine „große Menge von Priestern" zur Christengemeinde stießen. Bis in ihr Denken hinein vom täglichen Opferdienst im Tempel geprägt, brachten sie die scheinbar alles Dunkel beseitigende Antwort auf die bedrängende Frage mit: Was die vielen Sühneopfer nicht vermochten, das bewirkte ihrer Vorstellung zufolge der als Sühneleistung gedeutete Kreuzestod Jesu. Wenn dabei das als Traditionsgut geltende Wort des Römerbriefs, wonach Gott den Gekreuzigten „als Sühnemal" hingestellt hat (3,24 f.), einen Einfluß ausübte, könnte, so Ludger Schenke, die Erinnerung an die „Kapporet", die als „Sühnestätte" geltende Stelle der Bundeslade, die der Hohepriester am Versöhnungstag siebenmal mit Opferblut besprengte, auf die Ausgestaltung des Gedankens eingewirkt und seine Plausibilität verstärkt haben.[49] Tatsächlich schien durch ihn das über dem Kreuzestod Jesu lagernde Dunkel mit einem Schlag gelichtet und der

---

[49] L. Schenke, Die Urgemeinde. Geschichtliche und theologische Entwicklung, Stuttgart 1990, 139 ff.

„Skandal" des Kreuzes (1 Kor 1,23), das sicher nicht nur die von Paulus anvisierten Juden, sondern mehr noch die Christen der ersten Stunde empfanden, ausgeräumt. Wo alles in den Abgrund der Absurdität und Sinnlosigkeit zu versinken schien, trat eine Leistung zutage, wie sie größer und hilfreicher nicht gedacht werden konnte: Mit seinem Tod hatte Jesus seinem Lebenswerk die Krone aufgesetzt und das Größte vollbracht, indem er dem Wort des Täufers zufolge (Joh 1,29) die Sühnelast der Welt fortschaffte.

Doch so einleuchtend diese Deutung erschien und den meisten wohl noch immer erscheinen mag, stößt sie sich doch unversöhnlich mit dem Kernstück der Gottesverkündigung Jesu. Denn seine große Innovation im Zentrum seiner wahrhaft revolutionären Lebensleistung bestand darin, daß er den Schatten des Angst- und Schreckenerregenden, verstanden als der Ausdruck der Strafgerechtigkeit und des Zornes, aus dem Gottesbild der Menschheit beseitigte und auf seinem Grund das Antlitz des Vaters zum Vorschein brachte, dessen bedingungslose Liebe sich ihm durch seine zärtlichkühne Abba-Anrufung erschlossen hatte. Im Hinblick darauf wird das ganze Ausmaß dessen bewußt, was Gott mit der Sühnevorstellung zugemutet wurde. Was er schon auf einer vergleichsweise frühen Offenbarungsstufe dem von ihm schwer geprüften Abraham erlassen hatte, schien er nun in dem als Opfer gedeuteten Tod seines eingeborenen Sohnes sich selbst abverlangt zu haben. So scheint es tatsächlich aus der Gipfelaussage des johanneischen Nikodemusgesprächs hervorzugehen: „Denn Gott hat die Welt so sehr geliebt, daß er seinen einzigen Sohn hingab, damit jeder, der an ihn glaubt, nicht zugrunde geht, sondern das ewige Leben hat" (Joh 3,16).

Doch der Todesgedanke steht nicht im Vordergrund, wohl nicht einmal im Hintergrund der ausgesagten „Hingabe".

Selbst wenn dies einmal hypothetisch angenommen wird: welche Genugtuung könnte der Vater am qualvollen Sterben seines vielgeliebten Sohnes empfinden?[50] Und selbst dies unterstellt: wie könnte dieser Tod die Sündenlast der Welt abtragen? Indessen ist diese Vorstellung so tief im allgemeinen Glaubensbewußtsein verankert, daß sie nur durch einen Kraftakt aus diesem herausgelöst werden kann. Ein erster Schnitt in diese Fessel war schon mit der Erkenntnis erreicht, daß der Sühnegedanke der Gottesverkündigung Jesu fernliegt, wenn nicht geradezu entgegensteht. Doch nicht nur dies: mit der Deutung als Sühneleiden würde der Tod Jesu auch auf eine sublime Weise instrumentalisiert, und das besagt: einem, wenngleich überaus hohen Zweck unterworfen. Das aber verstößt gegen eine fundamentale Einsicht, zu der die Gegenwartphilosophie angesichts der ungeheuren Ernte gelangte, die der Tod in diesem blutigsten Jahrhundert der bisherigen Menschheitsgeschichte eingefahren hat.

Unter dem Einfluß des Unsterblichkeitsglaubens war der Tod der philosophischen Vernunft zuvor nie wirklich zum Problem geworden.[51] Er erschien allenfalls als das dunkle Tor, das in Angst und Schmerzen durchschritten werden mußte, dann aber ins Licht des ewigen Lebens führte. Unter der bedrückenden Todeserfahrung dieses Jahrhunderts reifte jedoch eine neue Sicht des Todes, die ihn erstmals als das Endziel des Daseins erwies, an dem sich definitiv herausstellt, was es mit einem Menschenleben auf sich hat. Zwar spricht der Tod zu diesem Leben ein unerbitterliches Nein; doch besteht seine Parodoxie darin, daß dieses Nein zugleich alles bejaht, was darin bejahenswert und kostbar

---

[50] Dazu R. Schnackenburg, Das Johannesevangelium I, Freiburg 1967, 423 ff.
[51] Näheres dazu in meiner Untersuchung: „Der Mensch – das uneingelöste Versprechen. Entwurf einer Modalanthropologie", Düsseldorf 1995, 114 bis 161.

war. Und das heißt, auf den Begriff gebracht, daß sich im Tod der Sinn eines Menschenlebens entscheidet. Deswegen gilt Kants kategorischer Imperativ für das Sterben des Menschen nicht weniger als für sein Leben. So wenig er in diesem als Mittel behandelt und einem Zweck unterworfen werden darf, sondern stets als Selbstzweck geachtet werden muß, so sehr ist auch sein Tod jeder Zwecksetzung enthoben.

Der Sonnenaufgang

Wenn jemals, gilt das aber für den Tod Jesu. Solange er als Sühneleistung begriffen wurde, blieb sein Sinn verdunkelt. Wer sich jedoch im Blick auf seine Gottesverkündigung und das neue Todesverständnis zur Überwindung der Sühnevorstellung durchringt, sieht sich mit der Einsicht in den Sinn seines Todes beschenkt. Der aber kann nur in einer letzten Verdeutlichung dessen bestehen, was er gelebt hat. „Wohltaten spendend durchzog er das Land", sagt die Apostelgeschichte (10,38) von ihm. Das bestätigt Jesus selbst mit dem Programmwort seines Wirkens: „Der Menschensohn ist nicht gekommen, um sich bedienen zu lassen, sondern um zu dienen" (Mk 10,45).
Wie eine Rechtfertigung dieser Einschätzung wirkt die von der neueren Exegese gewonnene Erkenntnis, daß der Fortgang der Stelle „und sein Leben hinzugeben als Lösegeld für viele" als späterer, vom Sühnegedanken eingegebener Zusatz zu gelten hat.[52] Es war die dienende, sich im Dienst an seinem Gott, seiner Sendung und den Menschen verzehrende Liebe, die das Denken und Wirken Jesu bestimmte. Das tritt in seinem Tod wie ein Sonnenaufgang zutage. Eben dies meinte der Johannesevangelist, wenn er seine Passions-

---

[52] Dazu L. Schenke, Die Urgemeinde, 246.

erzählung mit dem Satz überschreibt: „Da er die Seinen, die in der Welt waren, liebte, erwies er ihnen seine Liebe bis zum Äußersten" (Joh 13,1).[53]

Der Tod Jesu war und ist, so gesehen, der Exzeß seiner Liebe. Mit einem Sprachbild könnte man sagen: in der Nacht von Golgota ging – endgültig und unwiderruflich – die Sonne der göttlichen Liebe auf. Einer Liebe, die, wie Nietzsche meinte, sogar seine Peiniger umfing. Doch gerade so entsprach es der Aufforderung der Bergpredigt: „Liebt eure Feinde, seid großzügig und gebt, ohne etwas zurückzuerwarten. Dann ist euer Lohn groß, und ihr werdet Kinder des Höchsten sein, der gütig ist sogar gegen die Undankbaren und Bösen" (Lk 6,35). Und so wird nun klar, was dieser als Selbstzweck begriffene Tod seinerseits „bezweckte". Er griff in alle Verhältnisse ein, um sie auf eine neue Basis zu stellen. Die auf den Zwiespalt von Sympathie und Aggression gegründete Gesellschaft wollte er in das verwandeln, was Thema und Ziel der Botschaft Jesu war: in das Reich Gottes. Und den Menschen wollte er aus einem Dasein in knechtischer Angst zum höchsten Werdeziel erheben: zum Rang der Gotteskindschaft. All das leuchtet aus dem in seinem Sinn entdeckten Kreuz hervor.

Sicher bedarf es keines Beweises dafür, daß sich das allgemeine Glaubensbewußtsein, aber auch die kirchliche Verkündigung und pastorale Praxis, damit verglichen, in einem schweren Rückstand befinden. Dabei ist es noch nicht einmal das Schlimmste, daß noch immer mit einem Gott gedroht wird, den Jesus ein für allemal überwunden hat, und das zumal in seinem Todesschrei, mit dem er sich nach Blumenberg dem sterbend in die Arme warf, von dem er sich verlassen fühlte; nein, ungleich schlimmer noch ist die

---

[53] Dazu R. Schnackenburg, Das Johannesevangelium III, Freiburg 1975, 15 ff.

Tatsache, daß mit diesem Rückstand die größte Chance der Menschheit verspielt wird. Denn das in seinem Sinn begriffene Kreuz ist der Quellgrund der von den letzten Päpsten so eindringlich proklamierten und eingeforderten „Kultur der Liebe". Es ist, anders ausgedrückt, der Hebel, mit welchem Gott das Dasein aus seiner Todverfallenheit zu sich emporziehen, der Wunderstab, mit dem er die Welt verwandeln und auf das Prinzip Liebe neubegründen wollte. Das alles könnte sein; doch wie wenig ist davon verwirklicht!

Die Erhörung

Wenn darin ein Wandel zum Besseren eintreten soll, muß das Kreuz neu entdeckt werden. Neu begriffen werden muß dann aber auch seine Zeichenhaftigkeit. In der Diskussion der letzten Monate wurde immer wieder auf diese abgehoben und das Kreuz einmal als das Symbol der abendländischen Wertwelt oder als das des Friedens und der Toleranz bezeichnet. Doch das Kreuz ist allenfalls Symbol im wörtlichen Sinn des Ausdrucks: Zusammenfall von Gegensätzlichem. Mit seinem Längsbalken, der Vertikalen, symbolisiert es die Urbewegung des spirituellen Aufstiegs, der Erhebung des Geistes zu Gott und all dessen, was diese Bewegung an Vergleichen entdeckt und an Einsichten erzielt. Doch mit seinem Querbalken streicht das Kreuz all dies durch, weil nach einer berühmten Konzilsaussage des Mittelalters keine noch so große Ähnlichkeit zwischen Welt und Gott ausgemacht werden kann, die nicht von einer noch größeren Unähnlichkeit verschattet wird. Das muß schon deshalb in Erinnerung gerufen werden, weil es gerade so dem „Urerlebnis" des Kreuzes entsprach. So sah es Paulus, als er vom „Skandal" und von der „Torheit" des Kreuzes sprach, das jedoch, mit den Augen des Glaubens gesehen, zum Inbegriff von Gottes

Macht und Weisheit geworden sei. Und so wurde es vor allem vom Gekreuzigten selbst erlebt und erlitten. In seinem Notschrei, so versichert der Hebräerbrief auf einem seiner Höhepunkte, rief er nach dem, „der ihn vom Tod erretten konnte". Wenn dieses erstaunliche Schriftwort dann aber fortfährt: „und er ist erhört und aus seiner Todesnot befreit worden"(Hebr 5,7), so scheint es allem zu widersprechen, was die Passionserzählungen berichten. Denn es geschieht ja nichts im Sinne menschlicher Heilserwartung. Kein himmlischer Nothelfer greift ein, um der grauenvollen Tortur ein Ende zu setzen; ebensowenig raffen sich die Anhänger Jesu auf, um ihn aus seiner verzweifelten Lage zu befreien; noch nicht einmal eine Hand rührt sich, um seine Qualen zu lindern. Wenn das Hebräerwort aber dennoch darauf besteht, daß er erhört und aus seiner Todesnot befreit wurde, kann sich diese Behauptung nur auf das beziehen, was sich jenseits der sichtbaren Szene vollzog. Dann schrie der Gekreuzigte zu seinem Gott, von dem er sich auch in dem Sinn „verlassen" sah, daß er ihn als den Gott der allgemein menschlichen Vorstellung und somit als den allmächtigen, gerechten, menschenfreundlichen und barmherzigen verlor. Ihm bleibt nur noch, mit Gertrud von le Fort gesprochen, die Wüste der nackten Gottheit, in die er seine Not hineinschreit. Und die Antwort läßt nicht auf sich warten. Nur besteht sie nicht in der Erfüllung der in Gott gesetzten Erwartungen. Statt dessen antwortet Gott – mit sich selbst, mit dem Erweis seiner göttlichen Lebensfülle. Das aber heißt: Jesus stirbt in die göttliche Lebensfülle hinein. Die Arme des Vaters entreißen ihn seiner Todesnot und holen ihn an seinen Ursprungsort zurück; dorthin, wo er nach dem Johannesprolog seit Ewigkeit geborgen ist: an sein väterliches Herz. Was das besagt, wird erst nach Tagen klar, wenn Zeugen mit der ungeheuerlichen Behauptung auftreten: „Ich habe den Herrn gesehen."

Sie sehen, was schon im Tode Jesu seinen Anfang nahm: die Auferstehung des Gekreuzigten. Danach ist das Kreuz mehr noch Symbol im akustischen als im optischen Sinn.

Der Aufblick

Es ist der sichtbar gewordene Todesschrei Jesu, aber auch schon Ausdruck seiner rettenden Erhörung. Wer zu ihm aufblickt, gewinnt Einsicht in das, was sich in der letzten Lebensstunde Jesu zwischen ihm und seinem Gott ereignete: als er Gott zu verlieren glaubte, doch gerade in dieser Not von der Liebe seines Gottes aufgefangen und an sein Herz gezogen wurde. Das aber heißt, daß der, der zum Kreuz aufblickt, tatsächlich einen Sonnenaufgang erlebt. Den Aufgang der ewigen Liebe in der Gottesfinsternis der Zeiten. Das Licht dieser Sonne ist ebenso Wegweisung wie Verpflichtung. Es verpflichtet zur Großmut dessen, der seinen Peinigern verzieh und sogar, wie Nietzsche entdeckte, in ihnen litt und liebte. Es verpflichtet zur Toleranz, weil diese Liebe alle Trennwände niederlegte und auch die sucht, die sich ihr verweigern. Und es verpflichtet zur Hilfsbereitschaft und Barmherzigkeit, die dem Gekreuzigten in seinen notleidenden Brüdern das erweist, was ihm selbst versagt blieb. Doch über allem steht die Forderung, mit der Jesus seinen Leidensweg angetreten hatte: „Das ist mein Gebot, daß ihr einander liebt, wie ich euch geliebt habe" (Joh 13,34). Das Kreuz so sehen zu lernen ist vermutlich der Sinn der gegenwärtigen Krise, sicher aber das Ansinnen, das aus ihr an einen jeden ergeht.

Der kreative Glaube

Der Erosionsprozeß

Zu den bestürzenden Erfahrungen, die erschwerend zur gegenwärtigen Glaubenskrise hinzukommen, gehört der Eindruck, daß es nicht nur den Abfall vom Glauben, sondern etwas Gleichsinniges und davon doch tief Verschiedenes gibt: den Glaubensentzug. Dieser hat nichts mit einer Abkehr vom Glauben oder einer psychisch bedingten Glaubensschwäche zu tun, sondern mit einem Erosionsprozeß, der ihn unmerklich aushöhlt und ihm den Boden entzieht.[54] Reinhold Schneider hat dieses unheimliche Herausgleiten aus dem Glaubensraum in seinen Tagebuchaufzeichnungen „Winter in Wien" (von 1958) erschütternd beschrieben, ohne daß er eine Erklärung dafür gefunden hätte.[55]

Wenn die Glaubenswelt aber eine Einheit bildet, ist anzunehmen, daß der Glaubensentzug nur die Schattenseite eines dazu spiegelbildlichen Vorgangs ist, konkret gesprochen, daß es auch ein Glaubenswachstum gibt. Doch so schön sich dieser Gedanke ausnimmt, stellen sich sofort Bedenken ein. Kann der Glaube wirklich wachsen? Ist er nicht ein für allemal festgelegt: festgeschrieben in den kirch-

---

[54] Dazu die eindringliche Situationsanalyse Martin Bubers in seiner Studie „Gottesfinsternis. Betrachtungen zur Beziehung zwischen Religion und Philosophie", in: Werke I. Schriften zur Philosophie, München u. Heidelberg 1962, 503–603; ferner meine Abhandlung „Glaubensprognose. Orientierung in postsäkularistischer Zeit", Graz 1991, sowie meine Schrift „Hat der Glaube eine Zukunft?", Düsseldorf 1994.

[55] Näheres dazu in dem Abschnitt „Versöhnter Abschied. Zum geistigen Vorgang in Schneiders Winter in Wien"; in: E. Biser, Glaubensimpulse. Beiträge zur Glaubenstheorie und Religionsphilosophie, Würzburg 1988, 381–400.

lichen Dogmen und erhärtet durch deren jahrhundertelange Überlieferung?

Berge versetzend

Indessen ist die Frage schon längst durch den entschieden, der in ihr die letzte Entscheidungsinstanz bildet, weil er der Urheber und Inhalt des Christenglaubens ist: durch Jesus, an den die Jünger nach dem Bericht des Lukasevangeliums mit der Bitte herantreten: „Mehre unseren Glauben!" (17,5). Anstatt darauf einzugehen, antwortet er mit einem Vorwurf, der dazu noch mit einem eher irritierenden Bild verbunden ist: „Wenn ihr auch nur einen Glauben hättet so groß wie ein Senfkorn, bräuchtet ihr zu diesem Maulbeerfeigenbaum nur zu sagen: Entwurzle dich, und verpflanze dich ins Meer!, und er würde euch gehorchen"(Lk 17,6).
Organischer gestaltet sich der Zusammenhang, wenn man von der Markusversion ausgeht, die das auch von Paulus (1 Kor 13,2) gebrauchte Bildwort vom „bergversetzenden" Glauben aufnimmt. Dann antwortet Jesus direkt auf die an ihn gerichtete Bitte: „Habt Glauben an Gott! Denn ich sage euch: Wer zu diesem Berg da sagt: Rücke weg, und stürze dich ins Meer! und in seinem Herzen nicht zweifelt, sondern glaubt, daß, was er sagt, auch geschieht, dem wird es widerfahren" (Mk 11,22 f.).[56]
Wenn aber das schon ein Glaube vermag, der nach den beiden Großevangelien nur so groß ist wie ein Senfkorn, was wird dann erst ein „ausgereifter" leisten? Die Antwort gibt der johanneische Jesus mit der Zusicherung: „Wer an mich glaubt, der wird auch die Werke tun, die ich tue, ja, er wird

---

[56] Vgl. J. Gnilka, Jesus von Nazaret. Botschaft und Geschichte, Freiburg 1990, 133 f.

noch größere als diese vollbringen, denn ich gehe zum Vater" (Joh 14,12).

Kein Zweifel also: Es gibt, ungeachtet aller dogmatischen Festlegung, ein echtes Wachstum im Glauben, vermutlich sogar ein Wachstum des Glaubens! In beide Richtungen muß nun die aufgenommene Spur weiterverfolgt werden.

Der Geist der Schwere

Daß es einen subjektiven Fortschritt im Glauben gibt und geben soll, betont schon Vinzenz von Lerin und mit ihm der Theologe der Väterzeit, der wie kein anderer vor Veränderungen und Neuerungen warnte. In seinem Commonitorium versichert er: „Wachsen und kraftvoll zunehmen sollen also sowohl beim einzelnen als wie bei allen, bei einem jeden wie in der ganzen Kirche, je nach Alter und Lebenszeit die Einsicht, das Wissen und die Weisheit, wenn auch immer nur in der vorgegebenen Form, also in derselben Lehre, im selben Sinn und in derselben Bedeutung."[57]

Der heutige Christ hört die Botschaft wohl; doch fehlt ihm wie Goethes Faust „der Glaube", dies aber in dem speziellen Sinn des Glaubens an sich selbst. Nicht nur in religiösen Dingen, aber gerade in diesen hat ihn eine seltsame Lähmung befallen. Es ist, als habe sich die allgemein vorherrschende Tendenz zur Eingrenzung, Abschirmung und Festlegung seiner insgeheim bemächtigt, so daß er sich, wenngleich gegen seinen tieferen Instinkt, am liebsten auf gesicherte Positionen zurückziehen möchte. Theologen, die es mit dem Zeitgeist aufnehmen, neue Perspektiven eröffnen und in neue Dimensionen vorstoßen, erscheinen ihm wie Boten aus

---

[57] Vinzenz von Lerin, Commonitorium, c. 23; dazu meine Untersuchung „Religiöse Sprachbarrieren. Aufbau einer Logaporetik", München 1980, 191 ff.

einer anderen Welt. Sie haben seine Sympathie, wohl sogar seine Bewunderung; aber er fühlt sich nicht in der Lage, ihnen zu folgen. Instinktiv weiß er, daß der Glaube nicht nur mit Festigkeit und Treue, sondern auch mit Kreativität zu tun hat; doch fühlt er sich außerstande, mit ihm auch wirklich kreativ umzugehen.

Die Gründe dieser Lähmung reichen weit zurück. Nach F. Nietzsche ist die Sache des Menschen schon durch Kopernikus auf eine „schiefe Ebene" geraten. Nach S. Freud haben ihm die ihm durch Kopernikus, Darwin und ihn selbst zugefügten „Kränkungen" übel mitgespielt. Und nach N. Postman hat ihn der moderne Zivilisationsbetrieb in Gestalt der Medienszene dazu gebracht, sich lieber „zu Tode" zu amüsieren, als sein Leben selbstverantwortlich in die Hand zu nehmen.[58]

Für den Glaubenden oder doch Glaubenswilligen kommt erschwerend hinzu, daß sich auf dem Grund der gegenwärtigen Glaubens- und Kirchenkrise ein dunkler Bodensatz ausbreitet, den man nicht zutreffender als mit dem Nietzschewort vom „Geist der Schwere" kennzeichnen kann. Er führte zu der fatalen, aber weitverbreiteten Meinung, daß das Gott wohlgefällig sei, was dem Menschen schwerfalle und wehtue, und daß der Glaube in erster Linie eine Pflicht sei, der man sich stumm zu unterwerfen habe.

Doch jede glaubensgeschichtliche Stunde hat nicht nur ihre eigenen Probleme und Nöte, sondern auch die darauf abgestimmten Therapien. Hellsichtigen Beobachtern konnte nicht entgehen, daß der Glaube ungeachtet aller oberflächlichen Verwirrung in eine klärende Bewegung geraten ist, die von Karl Rahner sogar zweifach angesprochen wurde. Im Unter-

---

[58] N. Postman, Wir amüsieren uns zu Tode. Urteilsbildung im Zeitalter der Unterhaltungsindustrie, Frankfurt 1985.

titel nannte er seinen „Grundkurs des Glaubens" (von 1976)
„Einführung in den Begriff des Christentums". Inzwischen
hat sich dieser „Begriff" zunehmend geklärt. Deutlich geworden ist insbesondere:
Das Christentum ist, anders als der auf die Auslöschung des
Lebenstriebs ausgerichtete Buddhismus, keine asketische,
sondern eine therapeutische Religion. [59] Es ist sodann,
anders als das Judentum, keine nomothetische, also in einem
göttlichen Gesetz zentrierte, sondern eine mystische Religion. [60] Und es ist schließlich, anders als der auf den Koran
gegründete Islam, keine primäre, sondern eine sekundäre
Schriftreligion. [61]
Mit dem ersten Satz widersetzt sich diese Begriffsbestim-
mung dem vom Geist der Schwere eingegebenen religiösen
Vorurteil, mit dem zweiten der überhandnehmenden Tendenz, die christliche Botschaft auf eine moralische Direktive
einzuengen, mit dem dritten dem damit einhergehenden
Versuch, den Glauben auf eine festgelegte Doktrin zu fixie-
ren und ihn in der Konsequenz dessen in eine Ideologie zu
verkehren.
Indessen könnte man die drei Sätze auf einen einzigen
zurückführen, der dann lauten müßte: Das Christentum ist
die Religion der Freiheit und der Christenglaube ein Akt der
Freiheit. Rückläufig gesprochen: der Freiheit vom Zwang
des Buchstabens, der Freiheit vom Zwang der Pflicht und
der Freiheit vom Hang zur Selbstbestrafung und Selbstver-

---

[59] Vgl. dazu R. Guardini, Der Herr. Über Leben und Person Jesu Christi
(1937), Paderborn 1987, 360 f.; ders., Das Wesen des Christentums, Würzburg 1938, 7–17.
[60] Vgl. H. Küng, Das Judentum, München 1991, 71; 145 ff.; 562–609.
[61] Vgl. H. Küng, / J. van Ess, Christentum und Weltreligion – Islam, München 1994, 32–38; 57 ff.; 98 ff.; ferner meine Akademieabhandlung „Die
Bibel als Medium. Zur medienkritischen Schlüsselposition der Theologie", Heidelberg 1990.

neinung. Denn der Liebeswille Jesu geht der menschlichen Existenznot bis auf diesen letzten Grund nach, wo sich der Mensch selbst im Weg steht, wo also, wie der große Entdecker dieses Notstandes, S. Kierkegaard, erkannte, seinem verzweifelten Willen zum Selbstsein ein nicht minder verzweifelter Widerwille, der Wille zur Selbstverweigerung, entgegensteht.[62] Doch die Liebe Jesu folgt ihm bis in diese Tiefe, um ihm ihre Heilkraft zuzuwenden und ihn zu sich selbst erheben zu können. Doch worin besteht diese, wie Kierkegaard formulierte, „Heilung von Grund auf"?[63]

Die Kreativität

Darauf antwortet das ungleich bekanntere Wort, mit dem K. Rahner in die gegenwärtige Glaubenskrise eingriff. Der Christ der Zukunft, so seine Prognose, werde ein Mystiker sein oder er werde überhaupt nicht sein.[64] Noch im selben Atemzug erläutert Rahner das mißverständliche Wort „Mystiker" mit dem Zusatz „einer, der etwas erfahren hat". Damit brachte er die tiefgreifend gewandelte Glaubenserwartung des heutigen Christen auf den Punkt. Er sucht im Glauben nicht so sehr das bergende Gehäuse als vielmehr die Geborgenheit in ihm. Was er im Glauben akzeptiert, möchte er erleben, mehr noch, möchte er zum Lebensinhalt gewinnen. Ihm geht es um die „Innenwelt" dessen, was ihm die kirchliche Lehre vorwiegend in der „Außensicht" bietet. Unwillkürlich sucht er daher nach dem Schlüssel, der ihm zum Einstieg in diese Innenwelt verhilft.

---

[62] Vgl. S. Kierkegaard, Die Krankheit zum Tode (Ausgabe Richter), Reinbek 1962, 13f.
[63] Dazu W. Jens / H. Küng, Dichtung und Religion, München 1985, 204–241.
[64] Vgl. W. Böhme / J. Sudbrack (Hrsg.), Der Christ von morgen, ein Mystiker? Grundformen mystischer Existenz, Stuttgart / Würzburg 1989.

Immer schon gab es in der Glaubensgeschichte Wagemutige, die mit aller Kraft an die „Außenwände" des Glaubens schlugen. Luther tat es mit seiner Frage „Wie kriege ich einen gnädigen Gott?". Kierkegaard tat es ebenfalls, als er den Glauben die „Gleichzeitigkeit" mit Jesus nannte. Und Rahner tat es ihnen gleich, als er den kommenden Christen einen Mystiker nannte.

Ihnen allen aber kommt Augustinus zuvor, indem er uns über die Jahrhunderte hinweg den gesuchten Schlüssel reicht. Denn in der Innenwelt des Glaubens geht es darum, die uns in der Gestalt und Lebensleistung Jesu zugesprochene Selbstoffenbarung Gottes zu verstehen. Mystik aber bedeutet, daß dabei nicht nur der Glaubende Gott, sondern daß sich zugleich Gott in ihm versteht. Er muß somit auf unsere Seite treten, wenn dies zustande kommen soll. Und das geschieht nach Augustin durch den im Glaubenden gegenwärtigen magister interior, den inwendigen Lehrer. [65] Wenn er zu Wort kommen soll, muß die Kreativität des Glaubens wiederentdeckt und aktiviert werden. Denn der Glaube ist ebenso ein Geben wie ein Empfangen. Wer das Gotteswort im Glauben annimmt, muß sich das auch selbst „gesagt sein lassen", was ihm darin zugesprochen ist. Dabei stehen ihm vielerlei Hilfen psychologischer, pädagogischer und spiritueller Art zu Gebot, insbesondere in Gestalt jener Initiativen, die auf die subjektive Aneignung des Glaubens hinwirken. Der entscheidende Impuls geht jedoch zweifellos vom inwendigen Lehrer aus, der schon deswegen mit allem Nachdruck in Erinnerung gerufen werden muß. Ihm wird es gelingen, den Bann der Lähmung aufzuheben, der das Glaubensleben bis zur Stunde niederhält, und, wesentlicher noch,

---

[65] Dazu meine Schrift „Der inwendige Lehrer. Der Weg zur Selbstfindung und Heilung", München 1994.

den Geist der Schwere auszutreiben, der den Glauben im Widerspruch zur Sicht seines Stifters Jesus und seines kompetentesten Deuters Paulus in den Anschein eines Unterwerfungsaktes und einer religiösen Pflichtleistung treten ließ. Um so mehr sollte man sich das Pauluswort des Römerbriefs gesagt sein lassen, das die ursprüngliche Perspektive vergegenwärtigt und überdies unüberhörbar vom Wachstum im Glauben spricht: „Denn ihr habt nicht einen Geist empfangen, der euch zu Sklaven macht, so daß ihr euch immer noch fürchten müßtet; vielmehr habt ihr den Geist empfangen, der euch zu Söhnen macht, den Geist, in dem wir rufen: Abba, Vater!"(8,15).[66]
Wie keiner vor ihm weiß Paulus um die Gefahr, welcher der Mensch dadurch ausgesetzt ist, daß er von sich selbst abfallen kann. Mit dem Wort von der Gotteskindschaft aber umschreibt er jenes Ziel, zu dem ihn die teilnehmende Liebe „von oben" erhebt (Goethe), sobald er sich ihr im Glauben zuwendet: ein Ziel, das die Phantome vom „Übermenschen" (Nietzsche) und „Prothesengott" (Freud) bis zur Unkenntlichkeit überstrahlt.

Das Wachstum

Aber gibt es, wie eingangs vermutet, auch ein Wachstum des Glaubens, so daß dem Vorgang auf der Subjektseite auch ein Wandel auf der objektiven Gegenseite entspricht? Die Frage stößt zum Drehpunkt der glaubensgeschichtlichen Wende vor, bis dorthin, wo der Goldgrund im farben- und schattenreichen Panorama der heutigen Glaubensszene ansteht. Um es mit einem österlichen Bild zu sagen, so wurden in letzter

---

[66] Vgl. W. Schmithals, Die theologische Anthropologie des Paulus, Stuttgart 1980, 120 ff.; ferner meine Studie „Paulus: Zeuge, Mystiker, Vordenker", München 1991, 341 ff.; 359 ff.

Zeit schon wiederholt Stöße von jenem Erdbeben her fühlbar, das am Morgen des „dritten Tages" den Stein vom Grab des Totgesagten beseitigte und seine Auferstehung offenkundig werden ließ. Damals, so versichert die moderne Theologie, begann jener Umformungsprozeß, der dem Christentum seine doktrinale und soziale Gestalt verlieh. Der Botschafter wurde zur Botschaft, der Führer zum Glauben zu dessen Gegenstand und der Lehrer zum Inbegriff der Lehre. [67]

Dann aber brachten es die schwindende Glaubenskraft und das wachsende Sekuritätsstreben mit sich, daß sich die gewonnenen Konstanten wie Schalen um den inhaltlichen Kern legten und schließlich die schützenden Hüllen wichtiger erschienen als das, was sie umfingen. Doch dabei durfte und konnte es nicht bleiben. Deshalb kam es schon in spätapostolischer Zeit und danach wiederholt im Gang der Glaubensgeschichte zu Aufbrüchen, in denen sich der Inhalt gegen die sichernde Form durchsetzte. Jetzt ließ sich der zur Botschaft Gewordene aufs neue vernehmen, jetzt stieg der zum Glaubensobjekt Inthronisierte vom Podest seines Herrentums herab, und jetzt begann der zur Lehre Verfestigte wieder zu lehren – im Zuspruch des inwendigen Lehrers.

Es fällt schwer, die Anzeichen dieses Aufbruchs auszumachen, auch wenn man ein Nachbeben der österlichen Erschütterung unter den Füßen zu spüren meint. Indessen waren die Sprecher der Eingangsworte des ersten Johannesbriefs davon überzeugt, daß sie „das Wort des Lebens", also den in ihrer Mitte gegenwärtigen Christus, auf neue Weise zu hören, zu sehen und zu fühlen bekamen. Und der große

---

[67] Dazu A. Vögtle, Der verkündigende und verkündigte Jesus Christus, in: J. Sauer (Hrsg.), Wer ist Jesus Christus?, Freiburg 1977, 27–91.

Mystiker der Ostkirche, Symeon der Neue Theologe, versichert um die erste Jahrtausendwende in seinen „Hymnen":
„Wieder strahlt mir das Licht. Wieder schaue ich das Licht in
Klarheit. Wieder öffnet es den Himmel, wieder vertreibt es
die Nacht. Und der über allen Himmeln ist, den keiner der
Menschen je erblickte, der kehrt aufs neue in meinen Geist
ein, ohne den Himmel zu verlassen, ohne die Nacht zu zer-
teilen, ohne das Dach des Hauses einzuschlagen, ohne
irgend etwas zu durchdringen. Und in die Mitte meines Herzens, o erhabenes Geheimnis, da alles bleibt, wie es ist, stürzt
mir das Licht und hebt mich über alles empor." [68]
Doch der aus dem Schrein der Objektivationen Hervortre-
tende bindet die Erweise seiner Gegenwart so wenig wie der
Auferstandene an einen bestimmten Ort. Auch schreibt er
seine Zeichen nicht nur auf die Tafeln des Herzens, von
denen Paulus in vergleichbarem Zusammenhang (2 Kor 3,2)
spricht, sondern nicht weniger deutlich auch an die Wände
der Zeiten. Kaum einmal waren sie deutlicher zu lesen als in
den Tagen des freiheitlichen Aufbruchs im Spätherbst 1989,
als zusammen mit der Berliner Mauer der Eiserne Vorhang
fiel und der Weg zu einer Neuordnung weit über Europa
hinaus frei wurde. Damals sprach für einen jeden, der hören
konnte, Gott durch die Geschichte, auch wenn der Freiheits-
ruf, der ebenso leise wie eindringlich an die Welt erging,
kaum begriffen wurde. [69]

Der inwendige Lehrer

Wenn es heute endlich dazu kommen soll, müssen wir uns
diese Botschaft neu gesagt sein lassen. Dazu kann schon der

[68] Nach M. Buber, Ekstatische Konfessionen, Leipzig 1921, 62.
[69] Hinweise dazu in dem Abschnitt „Fehlten Tote?" meiner Schrift „Hat der
Glaube eine Zukunft?" (Anm. 54), 85–96.

Satz verhelfen, in welchen die in Abgrenzung von den beiden anderen Abrahamsreligionen gewonnene Begriffsbe-
stimmung des Christentums einmündete: Der Glaube ist ein
Akt der Freiheit. Hilfreich könnte aber mehr noch die Orientierung an Paulus sein, der es wagte, die gesamte Heilsbotschaft in den pleonastischen Satz zusammenzufassen: „Zur
Freiheit hat uns Christus befreit"(Gal 5,1).[70]
Die entscheidende Hilfe bietet jedoch der inwendige Lehrer,
der die Lektion der Geschichte gleicherweise bestätigt und
in einen Zuspruch übersetzt. Er bestätigt, sofern der freiheit-
liche Aufbruch dem entspricht, was sich im Zentrum der
Glaubensgeschichte ereignet. Wie dort Mauern fielen und
Tore aufsprangen, so tritt hier der Geglaubte aus den
umschreibenden Hüllen hervor, um seine inspirierende und
bestärkende Nähe zu erweisen. Kein Wunder, wenn der
inwendige Lehrer das vornehmlich in die Sprache von Impe-
rativen wie diesen übersetzt: Fürchte dich nicht! Laß dich
nicht fallen! Gib nicht vorzeitig auf! Widerstehe dem Wahn!
Vertraue deiner Berufung! Sei dein eigen!
Doch unterbaut er diese Forderung unverzüglich mit der
Zusicherung: Du bist nicht allein; was dich trägt, ist stärker
als das, was dich trifft und stößt; du bist reicher, als du
denkst; denn Gott liebt dich. Unmerklich stellt sich im
Gefolge dieses Zuspruchs ein neues Glaubensbewußtsein
ein. Schien bisher die Sache des Glaubens ganz in der Hand
des Glaubenden zu liegen, so geht sie jetzt, wie schon eingangs angedeutet, in die des Geglaubten über. In unserer
Liebe, sagt Augustin, liebt Christus sich selbst: unus Christus amans seipsum. Gleiches gilt nun auch vom Glauben. In
unserem Glauben ist es zuletzt der Geglaubte selbst, der das

---

[70] Vgl. dazu F. Mußner, Der Galaterbrief, Freiburg 1981, 342–345; ferner
mein Paulusbuch (Anm. 66), 366 f.

Wunder des Verstehens wirkt. Wenn aber dies zutrifft, hat sich die Bitte der Jünger – „Mehre unsern Glauben!" – auf denkbar schönste Weise erfüllt. Und gleichzeitig wurde deutlich, daß der Glaube auch heute, ungeachtet aller Beeinträchtigungen und Rückschläge, lebt und wächst.

Die Utopie des Glaubens

Warum glauben wir?

Thomas Morus ist, mit Kierkegaard zu sprechen, als „Glaubensheld" in die Kirchengeschichte eingegangen. Bei dieser „kircheninternen" Würdigung blieb jedoch die geistes- und ideengeschichtliche Leistung des Heiligen, sein bahnbrechender Beitrag zur Staatsphilosophie, mit dessen Titel „Utopia" er sogar Sprachgeschichte gemacht hat, weithin außer Betracht. Im Gegenteil: der kompromißlose Verteidiger der päpstlichen Primatsrechte gegen den Anspruch eines von ungezügelten Leidenschaften umgetriebenen und einer frühabsolutistischen Denkweise zuneigenden Königs schien sich eher mit dem Verfasser der Denkschrift über den besten Staat zu stoßen, zumal darin, vom streng kirchlichen Standpunkt aus gesehen, recht abenteuerliche Gedanken über die Religion in dem von Morus geschilderten utopischen Staatswesen entwickelt wurden. So bestraft dessen Gründer nicht nur jede Gewaltanwendung in religiösen Dingen mit Verbannung und Zwangsarbeit, weil er überzeugt ist, daß die Sache der Religion durch nichts so sehr wie „durch andauerndem Streit und unversöhnlichem Haß untergraben werde"; vielmehr heißt es von ihm auch: „Er wagte es nicht, über die Religion etwas Endgültiges festzusetzen, da er sich nicht sicher war, ob Gott nicht vielleicht gerade eine mannigfache und vielfältige Verehrung wünsche und daher dem einen diese, dem anderen jene Eingebung schenke. Auf jeden Fall aber hielt er es für anmaßend und töricht, mit Gewalt und Drohung erzwingen zu wollen, daß das, was einer für wahr hielt, auch allen anderen so erscheinen müsse. Wenn aber wirklich nur eine Ansicht wahr, jede andere aber falsch sein sollte, so sah er mühelos voraus, daß sich die Wahrheit aus eigener Macht von selbst durchsetzen und zeigen werde, sofern ihre Sache nur vernünftig und maßvoll betrieben werde."[71]

Vielleicht aber liegen die beiden Position des Glaubenshelden und des „utopischen" Staatsdenkers gar nicht so weit auseinander, wie es zunächst den Anschein hat. Vielleicht beweist das Martyrium, daß die Utopie „blutig ernst" gemeint war, während umgekehrt die Utopie beweist, daß Morus keineswegs, wie bisweilen angenommen wird, für einen ideologisch starren Kirchenglauben, sondern für einen offenen, womöglich sogar utopisch weiten Glauben eingetreten war. Wenn das nicht pure Vermutung bleiben soll, muß geprüft werden, ob zwischen Utopie und Glaube nicht doch ein positiveres Verhältnis besteht, als allgemein angenommen wird, ja ob es am Ende nicht so etwas wie die im Titel angesprochene „Utopie des Glaubens" gibt.

Die Frage kann extravertiert gestellt – und verstanden – werden. Dann geht sie den Gründen nach, auf die sich der Glaubensakt stützt, die uns also durch ihr Gewicht und ihre Überzeugungskraft zum Glauben veranlassen. Der zentrale Grund mit absolutem Übergewicht ist dabei eindeutig der sich offenbarende Gott, genauer noch, die Autorität des Offenbarungsgottes, der als das zentrale Glaubensmotiv zu gelten hat.[72] Obgleich der Offenbarungsinhalt als solcher

---

[71] Nach K. J. Heinisch (Hrsg.), Der utopische Staat, Reinbek 1960, 98. In diesen Sätzen nimmt Morus die hochaktuelle Erkenntnis vorweg, daß die Heilsbotschaft zunichte gemacht wird, wenn man versucht, sie gewaltsam oder polemisch zur Geltung zu bringen.

[72] In dem dem kirchlichen Glaubensbegriff gewidmeten dritten Kapitel seiner dritten Sitzung sprach das Erste Vatikanum ausdrücklich davon, daß wir nicht aufgrund rationaler Einsicht in die Offenbarungsinhalte, sondern im Anschluß an die Autorität des Offenbarungsgottes zum Glauben gelangen: propter auctoritatem ipsius Dei revelantis (DS 3008): dazu U. Gerber, Katholischer Glaubensbegriff. Die Frage nach dem Glaubensbe-

dem Zugriff der Vernunft entzogen und deshalb rational
nicht aufzuhellen ist, schließt das die Möglichkeit einer „pe-
ripheren" Vergewisserung nicht aus. Vielmehr ist die vom
Gottesgeheimnis umdunkelte Sache des Glaubens von lichtvollen Zeichen umstellt, die ihre Glaubwürdigkeit garantie-
ren.[73] Auf dem von diesen Wegzeichen markierten Pfad
gelangen wir zum Glauben.
Aber so ist die Frage „Warum glauben wir?" zunächst gar
nicht gemeint. Wer sie auf ihren „Klang" hin abhört, nimmt
zuvor einen emphatischen Grundton wahr. Und dann besagt
die Frage etwa: „Warum lassen wir uns überhaupt auf das
geistige Risiko des Glaubens ein? Was versprechen wir uns
davon? Was bewegt uns von innen, von uns selbst her
dazu?" Jetzt ist es mit Auskünften begründender Art nicht
mehr getan; denn gefragt ist – die Utopie des Glaubens! Und
das heißt: gefragt ist nach dem „Mehrwert", den der Glaube
gegenüber der nur rational orientierten, rein weltlich ausge-
legten und empirisch gestützten Lebensform erbringt;
gefragt ist die vom Glauben zu erhoffende Chance einer
Optimierung der Existenz des Glaubenden und seiner
Lebensverhältnisse; gefragt ist die vom Glauben eröffnete
„Zukunft", das Wort keineswegs nur in seiner temporalen
Bedeutung genommen. Damit kommt nun auch schon das
Fragemotiv zum Vorschein. Es ist nicht, wie im Fall der strikt
auf Beweisgründe abhebenden Warumfrage, die intellektuelle Neugier, da sie sich in diesem Fall mit einem fundamen-
talen, auf „Zeit und Ewigkeit" gerichteten Sicherungsinter-

---

griff in der katholischen Theologie vom I. Vatikanum bis zur Gegenwart,
Gütersloh 1966, 18 ff.
[73] Dazu die gedankentiefe Abhandlung E. Seiterichs, Die Glaubwürdigkeitserkenntnis. Eine theologische Untersuchung zur Grundlegung der
Apologetik, Heidelberg 1948; ferner die Ausführungen meines Buches
„Glaubensverständnis, Grundriß einer hermeneutischen fundamentaltheologie", Freiburg/Br. 1975, 24 ff.

esse verbindet. Nein, es ist das jedem Menschen eingestiftete Verlangen nach mehr Glück, mehr Einsicht, mehr Menschlichkeit – mehr Sein! Davon ist die Erwartung gespeist, die wir an den Glauben richten, und davon lebt auch die jetzt nochmals in ihrer Grundbedeutung aufgeworfene Frage: „Warum glauben wir?"

Deshalb!

Von dieser Sinnerwartung her ist jetzt schon, vor jeder näheren Problemerkundung, eine Antwort möglich, so unbestimmt sie in diesem Stadium des Gedankengangs auch immer klingen mag. Und diese Antwort verlangt geradezu danach, jetzt schon, in dieser Unbestimmtheit, gehört zu werden; sie lautet: Wir glauben, weil wir uns zu Größerem berufen wissen, als es die Welt der Fakten, der Geschäfte, der Pflichten, diese Welt des kleinen Glücks, der kurzatmigen Vorteile und der auf jede Vergünstigung folgenden Enttäuschungen zu bieten vermag. Wir glauben, weil es uns in der Eindimensionalität unserer von Zwängen beherrschten, von Manipulationen bedrohten und von Frustrationen durchsetzten Lebenswelt zu eng ist; wir glauben, weil für uns die Welt mit ihrer wissenschaftlichen Interpretation nicht zu Ende erklärt ist; weil sie bisher noch unerschlossene Möglichkeiten, ungehobene Schätze der Erkenntnis, der Beglückung und Bewährung bereithält. Wir glauben, weil für uns die Mächte der Repression, der Ausbeutung, der Erniedrigung und Vernichtung nicht das letzte Wort behalten können, weil wir vom Menschen größer denken, als es seiner faktischen Einschätzung entspricht, weil seine Sache für uns weiter geht als nur bis zu dem dunklen Brunnen, an dessen Rand er, dieses Gefäß der ungestillten Sehnsüchte, zerbricht.

Wir glauben also, weil es für uns jenseits der bestehenden Verhältnisse – und schon inmitten von ihnen – einen Raum des Aufatmens geben muß, keine Insel der Seligen zwar, aber doch einen Raum der aufgehobenen Entfremdung, des anerkannten guten Willens, der erfüllten Sehnsüchte und der eingelösten Versprechungen. Wir glauben, weil wir uns das Vertrauen in die Kraft der Vernunft, in den Sieg des Rechts und in die Verwirklichung des Friedens nicht nehmen lassen. Und wir glauben vor allen Dingen, weil wir uns all das nicht, oder doch nicht primär, von unserer Intelligenz, unserer Kreativität, unserer Risikobereitschaft und Energie versprechen, sondern von der Annäherung dieser Welt an den göttlichen Inbegriff der Erbarmung, der Weisheit und der Liebe. Wir glauben, weil uns im Glauben klar wird, daß diese Annäherung nicht von uns, sondern von Gott ausgeht, der dadurch. daß er uns im Ereignis seiner Selbstmitteilung nahekommt, Grund und innerstes Motiv unseres Glaubens ist. Auf die Ausgangsposition zurückbezogen, heißt das: Wir glauben, weil uns nirgendwo so wie im Glaubensvollzug die Utopie unseres eigenen Seins, der mit diesem Sein gegebene Anreiz zur Selbstüberschreitung, unsere konstitutive Berufung zu Größerem, als wir sie faktisch erreicht haben und sind, bewußt wird.[74] Wir glauben also, weil wir von der Utopie des Glaubens die Antwort auf die Frage erwarten, die wir nicht so sehr stellen als vielmehr sind.

---

[74] Dazu insbesondere J. Ortega y Gasset, Vom Menschen als utopischem Wesen, Stuttgart 1951; ferner E. Bloch, Geist der Utopie, Frankfurt/M. 1973, 209–287; dazu meine Abhandlung „Der Mensch – das uneingelöste Versprechen. Entwurf einer Modalanthropologie", Düsseldorf 1995.

Was heißt glauben?

Die Frage nach dem Sinn des Glaubens hat ihre – scheinbare – Selbstverständlichkeit eingebüßt, seitdem in der Glaubenstheorie der Gegenwart ein Dissens aufbrach, der ein breites Spektrum von Deutungsformen – von „Gehorsam" bis „Antwort" – entstehen ließ. Daß es dazu kam, hängt zunächst – und entscheidend – mit dem noch viel zu wenig ins allgemeine Bewußtsein getretenen Faktum zusammen, daß die Gegenwart wie kaum eine Zeit zuvor im Zeichen einer „glaubensgeschichtlichen Wende" steht.[75] Wenn diese Wende, wie alle Anzeichen bestätigen, ihre Mitte in der Neuentdeckung Jesu hat, ist damit auch in glaubenstheoretischer Hinsicht eine einmalige Konstellation gegeben. Denn mit der Konzentration auf das christologische Geheimnis bezieht sich dann der Glaube auf jenen Grund, „außer dem" – nach Paulus – „kein anderer gelegt werden kann" (1 Kor 3,11). Unter strukturellem Gesichtspunkt aber besagt das, daß der Glaube durch diese Rückwendung auf seinen ureigenen Grund gleichzeitig Einkehr bei sich selbst hält, so daß ihm eine einmalige Chance der Selbsterhellung geboten ist. Nicht zuletzt kann deswegen dann auch die Frage „was heißt glauben?" auf neue und womöglich radikalere Weise als bisher beantwortet werden. Daß diese Frage neu in Fluß kam, ist aber auch die Folge eines defizitären Offenbarungsverständnisses in der Gegenwartstheologie. Denn die Theologie der Gegenwart leidet bis zur Stunde daran, daß die um die Mitte der sechziger Jahre entbrannte Diskussion um die Alternative von Wort- oder Geschichtsoffenbarung ergebnislos versandete, und daß auch die neueste Wiederaufnahme des Themas weder im Rückgriff auf die mystische (Baltha-

---

[75] Dazu meine Untersuchung „Die glaubensgeschichtliche Wende. Eine theologische Positionsbestimmung", Graz 1986.

sar) noch auf die spekulative Tradition (Rahner) eine vollgültige Lösung brachte.[76]
Indessen kann der Glaube nicht auf die ihm von der Theologie früher oder später gebotenen Lösungen warten; und er
braucht es auch nicht! Denn über den Grund, auf den er
(nach 1 Kor 3,11) ausschließlich aufbauen kann, ist er nicht
im unklaren gelassen, allenfalls über den „Stil", in dem sich
dieser Aufbau vollzieht. Soll das im „Elementarstil" des
Gehorsams geschehen oder in der „Gotik" einer Glaubensmystik; oder bedarf es anstelle eines „Konstrukts" nicht vielmehr der „Artistik" des freien Sprungs? Für das erste sprä-
che die Formel „Credere Deo", die den Glaubensakt primär
auf die Gottesautorität bezieht, für das zweite das „Credere
in Deum", das einer mystischen Versenkung ins Gottesgeheimnis das Wort redet, während das dritte – die Modellvorstellung des freien Sprungs – jenem religiösen Dezisionis-
mus entspricht, dem sich vor allem die „dialektische Theologie" verschrieb.[77] Indessen ist die Frage längst schon geklärt,
seitdem Papst Gregor XVI. in seiner gegen Lamennais
gerichteten Antrittsenzyklika „Mirari vos" (vom 15. August
1832) die zusammenfassende Formel „Credere Deo Deum",
die schon der Vätertheologie bekannt war, in Erinnerung
rief.[78] Denn sie spricht dem Glauben jene rückbezügliche
Struktur zu, die ihn eindeutig als Verstehensakt ausweist
und damit eine über den bisherigen Theoriestand hinaus-
weisende Sinnbestimmung erlaubt.

---

[76] Dazu außer den treffenden Hinweisen bei U. Gerber (a.a.O., 240–286),
vor allem P. Eicher, Offenbarung. Prinzip neuzeitlicher Theologie. München 1977, 293–464.
[77] Dazu G. Strecker (Hrsg.), Theologie im 20. Jahrhundert, Tübingen 1983,
338–355.
[78] Nach E. Seiterich, Glaubwürdigkeitserkenntnis, 62 f.: dazu die Ausführungen in meinem fundamentaltheologischen Grundriß „Glaubensverständnis", 62 ff.

Danach ist der Glaube ein „Gott verstehen", und als solches
der stets unabgeschlossene Versuch, in das „veröffentlichte"
Gottesgeheimnis und damit in Gott selbst verstehend, mit-
vollziehend, aneignend einzudringen.[79] Utopischer kann
von ihm schwerlich gesprochen werden. Denn der so
gefaßte Glaube ist, so paradox es klingt, größer als er selbst.
Er übertrifft sich in seinem „Besitzstand" immerfort durch
das, worauf er ausgeht. Und doch ist er Offenbarungsglaube
nur in dieser permanenten Selbstüberschreitung, die ihn in
einem fortwährenden „Überhang" zum Gottesgeheimnis
erhält.

Dennoch ist das die natürlichste Sache von der Welt. Denn
der beschriebene Überhang ist nur die Folge seiner rezeptiven Struktur. Es gäbe ihn, den Glauben, nicht, wenn Gott
nicht gesprochen hätte und in seinem Offenbarungswort
immerfort hörbar wäre. Dem Glaubenden ergeht es somit
wie der Schöpfung, so wie es Augustinus auf dem ersten
Höhepunkt seiner „Ostia-Vision" wahrgenommen hat: Er
richtet gleich ihr, genauer genommen mit ihr, sein Ohr auf
Gott hin, um ihn so zu vernehmen, wie er jenseits der ver-
mittelnden Zeichen, durch und aus sich selber spricht.[80] Der
Unterschied zur Konzeption Augustins besteht nur darin,
daß der Glaubende vom Faktum der göttlichen Selbstmitteilung ausgeht, da er sich nicht aufzutun vermöchte, wenn sie
nicht bereits an ihn ergangen wäre. Zwischen Gott und ihm
kam ein Dialog in Gang, bei dem Gott der allein Redende ist,
während seine Antwort zunächst nur in der hörenden und

---

[79] Dazu außer der genannten Studie mein Essay „Gott verstehen, Erwägun-
gen zum Verhältnis Mensch und Offenbarung", München-Freiburg/Br.
1971; ferner mein Taschenbuch „Glaube nur! Gott verstehen lernen",
Freiburg/Br. 1980.
[80] Unter dem Titel „Wort und Liebe" hatte ich auf diesen Gesichtspunkt in
meinem ersten Hochlandbeitrag hingewiesen; in: Hochland 47 (1954/55),
97–101.

antizipierenden Selbsterschließung für das vernommene Gotteswort besteht. Damit wird auch schon klar, was in diesem Glaubenskonzept aus dem Zentralmotiv der Gottesautorität geworden ist. Sie ist keineswegs zugunsten einer unangemessenen Vertraulichkeit beiseite geschoben, wohl aber in den gläubigen Rezeptionsakt als Impuls und Antrieb eingegangen. Denn Autorität hat primär, wie der Theologie von der philosophischen Hermeneutik in Erinnerung gerufen wurde, nicht derjenige, der durch Erbfolge, Wahl oder Gewalt „an die Macht kam", sondern derjenige, der „etwas zu sagen" hat. Deshalb hat sie nicht so sehr mit Unterwerfung und Gehorsam, um so mehr jedoch mit Erkenntnis und Wahrheit zu tun.[81] Wer Gott im Glauben zu verstehen sucht – und dies um so konsequenter anstrebt, als er seinen Glauben als ein „Gott verstehen" begreift –, hat sich Gott immer schon in der Erwartung „unterworfen", von ihm das über seinen Lebenssinn entscheidende Wort zu vernehmen. Dabei ist er zugleich mit dem Schmerz dieser Unterwerfung dadurch versöhnt, daß ihn das Erlebnis des Hörens ebenso hoch erhebt, wie er sich zuvor gedemütigt hatte. Und darin kommt aufs neue der utopische Grundzug des Glaubens zum Vorschein. Glaube ist immer ein Aufbruch, ein Schritt in eine noch offene Zukunft, in unbetretenes, verheißungsvolles Neuland. Wir glauben, weil uns die Hoffnung auf diese Zukunft die Mühe der Gegenwart wert ist.

Wenn man die Zusammenhänge bis hierhin verfolgt, gewinnt die Zwischenfrage „Was heißt glauben?" leise, aber vernehmlich einen neuen Klang. Es verhält sich mit ihr so, wie M. Heidegger in seiner Abhandlung „Was heißt den-

[81] Diese wichtige Klärung brachte die unter dem Titel „Wahrheit und Methode" veröffentlichte philosophische Hermeneutik Hans-Georg Gadamers (Tübingen 1960, 264 f.); Näheres dazu in meiner „hermeneutischen Fundamentaltheologie", 65 ff.

ken?" (von 1954) die von ihm aufgeworfene und durchreflektierte Frage schließlich verstand. Dieser Frage, so meint er, komme man erst dann auf den Grund, wenn man unter „heißen" soviel wie „gebieten" und „auffordern" versteht. Diese neue Bedeutung komme dann zum Vorschein, wenn man die Frage in leichter Erweiterung dahin abwandelt, daß sie nunmehr lautet: „Was heißt uns denken?"[82] Genauso hier! Was glauben „heißt", ist erst dann zu Ende gedacht, wenn man das Ansinnen heraushört, das in der Frage danach mitschwingt. Denn in Sachen des Glaubens sind wir im zweifachen Sinn nicht neutral. Einmal deswegen, weil es nicht mehr in unser Belieben gestellt ist, gläubig oder ungläubig zu sein, nachdem sich Gott in dieser Welt verlautbart hat, um sie seiner rettenden und erbarmenden Nähe zu versichern. Seitdem ist der Glaube nur der Griff nach einer dargebotenen Hand, die auszuschlagen ebensosehr einer Brüskierung der gewährten Hilfe wie einem Akt der Selbstbeschädigung gleichkäme.

Das Geheiß

Damit ist bereits angedeutet, daß das „Geheiß", das zum Glauben bewegt, aber auch vom Lebensinteresse des Menschen ausgeht. Fraglos hat dieses Geheiß mit dem menschlichen Sinnverlangen und dem instinktiven – und von vielfältiger Erfahrung erhärteten – Wissen darum zu tun, daß der gesuchte Sinn nicht im Innerweltlichen zu finden ist. Dieses wissende Nichtwissen verfaßt sich zu einer Frage, die den Menschen in seiner Totalität ergreift, die wir also stellen, indem wir sie sind. Insofern kann man den Menschen mit der Pastoralkonstitution „Gaudium et spes" des Zweiten

---

[82] M. Heidegger, Was heißt denken? Tübingen 1954, 82 f.

Vatikanums tatsächlich als die leibhaftige Anfrage an seinen göttlichen Sinngrund verstehen. So gesehen liegt allen Gottesbeweisen der Versuch zugrunde, die Last dieser Frage abzuarbeiten. Doch einer nicht nur aus intellektueller Neugier, sondern aus ganzer Wesenskraft gestellten Frage geschieht durch Beweise niemals volle Genüge. Denn eine Frage verlangt ihrer ganzen Natur zufolge nach Antwort. Deshalb will alles Wissen um Gott in jenes Zeugnis aufgehoben werden, das er von sich selber gibt. Und alle Worte über Gott weisen, richtig verstanden, zuletzt auf jenes eine Wort hin, das er selbst aus ewiger Freiheit und Liebe spricht. Doch das Schweigen, das sich zwischen den verklingenden Begriffsworten und dem erhofften Gotteswort auftut, ist nicht stumm; aus ihm ergeht vielmehr immerfort das Geheiß, das zum Glauben bewegt, und wäre es auch nur in der Form, daß es den Menschen dazu bringt, die von ihm gestellte Gottesfrage bis dorthin durchzuhalten, wo sie von ihrem Frageziel her selbst beantwortet wird. Und wiederum wird man sagen müssen: kann utopischer vom Glauben gedacht werden als im Rückbezug auf dieses Verlangen des Menschen, sich diesem – uneinklagbaren – Erwartungsziel anheimzugeben?

Weshalb glauben wir?

Auch in dieser Formulierung trifft die Glaubensfrage nicht genau das, was die klassische Begründung an Beweisen und Motiven aufführt, um die Glaubwürdigkeit (credibilitas) des Glaubens und die sich daraus ergebende Glaubenspflicht (credentitas) des Menschen zu sichern. Während sie in der Verbindung mit dem „Warum" hinter dieser Position zurückblieb, geht sie jetzt, mit dem „Weshalb" gebildet, offensichtlich darüber hinaus. Wenn das aber zutrifft, muß es doch zu denken geben, daß sich die klassische Ableitung nicht auf die eine oder andere dieser geläufigen Frageformen zurückzuführen läßt, sondern im Zwischenfeld dessen liegt, was sie zu erkunden suchen. Doch worauf geht die Frage, weshalb wir glauben, tatsächlich aus?

Das läßt sich am besten verdeutlichen, wenn man sich mit Max Seckler vor Augen hält, daß die klassische Begründungsform „instruktionstheoretisch" verfährt.[83] Sie geht somit von der Modellvorstellung der „Lehrbarkeit" des Glaubens aus und versucht ihr Ziel dadurch zu erreichen, daß sie im Stil einer – das Informationsdefizit ihrer Adressaten überbrückenden – Unterweisung auf die intellektuelle und praktischer Annahme des Glaubens hinarbeitet. Im gegenwärtigen Glaubensbewußtsein verliert dieses Modell immer rascher an Boden. Zum einen deshalb, weil sich das, was am Glauben „beweisbar" ist, zu sehr an seiner Peripherie bewegt; zum andern – und vor allem – deshalb, weil es hypothetisch vom Status der „Unmündigkeit" seiner Adressaten ausgeht. Dieses zweifache Unbehagen zwingt den Blick unwillkürlich zurück auf die Art, wie Jesus die ihm nahekommenden Menschen zum Glauben führt. Zwar heißt es im Johannesevangelium wiederholt, daß dabei die von ihm gewirkten „Zeichen", also seine Wundertaten, motivierend ins Spiel kommen. Doch wird bei näherem Zusehen deutlich, daß er mit ihnen nichts „beweisen", wohl aber einen „Beweis" des durch und mit ihm heraufgeführten Gottesreiches geben will. Es sind somit Erfahrungen des inmitten allen Unheils anbrechenden Heils, durch die er zum Glauben bewegt. Und was den noch unfertigen oder gar nur fragmentarischen Glauben anlangt, auf den er nach den Berichten der Evangelien wiederholt stößt, so reagiert er dar-

[83] Nach H. Fries, Fundamentaltheologie, Graz 1985, 310.

auf nicht durch Belehrung, sondern dadurch, daß er den darin befangenen Menschen über die „Angstschwelle" hinweghilft oder sie mit dem Bekenntnis ihres Unvermögens akzeptiert. Das eine geschieht, wenn er den um das Leben seiner Tochter bangenden Synagogenvorsteher mit dem Wort ermutigt: „Keine Angst, glaube nur!" (Lk 8,50), das andere, wenn er den Aufschrei des verzweifelten Vaters „Ich glaube, hilf meinem Unglauben!" (Mk 9,24) mit der unverzüglichen Erfüllung seiner Bitte beantwortet. Nach Ausweis dieser Szenen greift das Instruktionsmodell zu kurz; in ihrem Sinn gilt vielmehr: wir werden nicht zum Glauben erzogen, sondern bewogen. Aber wodurch? Die Antwort kann nur lauten: durch die Utopie des Glaubens! Zwar ist er auf vielfältige Weise „schon da", jedoch so, daß diese „Präsenz" von einem Hohlraum des „noch nicht" umgeben ist. Darin besteht seine „Ortlosigkeit", wie das Wort Utopie seiner Grundbedeutung nach sagt. Indessen würde das Defizit nicht empfunden, wenn der Glaube nicht vielfältig vorhanden und dadurch ein Ferment unserer Lebenswelt wäre. Insofern strahlt seine Realisierung leuchtend und verheißungsvoll wie ein Sonnenaufgang in den Raum seiner Abwesenheit ein. Und darin beweist er sich als Utopie im landläufigen Sinn des Ausdrucks. Es kommt nur darauf an, den Sinn dafür zu wecken und den unterschiedlichen Formen, in denen sich diese Utopie in der heutigen Lebenswelt bemerkbar macht, nachzugehen.

Wenn man das auch nur ansatzweise versucht, wird klar, daß in erster Linie die als Glaubensgemeinschaft begriffene Kirche zum Glauben bewegt. Daß sie als ein von Gott unter den Völkern aufgerichtetes „Feldzeichen", wie das Erste Vatikanum mit einer alttestamentlichen Wendung sagte, für die Wahrheit des Glaubens einsteht, muß heute wiederentdeckt und den Menschen dieser Zeit verständlich gemacht werden. Das wird am wirksamsten dadurch geschehen, daß man im Gegenzug zu dem triumphalistischen Ausdruck auf den von der Kirche verkündeten, gelebten und erlittenen Glauben verweist. Ein entscheidender Schritt wird dabei mit der Einsicht getan sein, daß die Kirche insgesamt in einem beständigen Akt der „Rückübersetzung" begriffen ist, durch den sie die Vielfalt ihrer Zeugnisse auf den sich in ihr bezeugenden Stifter, also auf Jesus, zurückführt. Eindrucksvoller noch wird aber für viele der gegensinnige Vorgang sein, durch den sich der Stifter des Christentums in diesem – und über seine Peripherie hinaus – hier und heute vergegenwärtigt. Denn die von Zweckrationalität beherrschte Lebenswelt der Gegenwart ist, so paradox es klingt, nicht zuletzt dadurch gekennzeichnet, daß es in ihr immer wieder „mystische Einbrüche" gibt. Dazu gehört mit in erster Linie die Neuentdeckung Jesu, die nach den einleitenden Ausführungen im Zentrum der glaubensgeschichtlichen Wende der Gegenwart steht. Daß sie in staunenswerter Gleichzeitigkeit mit dem Ausbruch der Studentenrevolte einsetzte, daß sie mit geradezu suggestiver Kraft das religiöse Leben auf Jahre hinaus ergriff und daß sie Christen, Juden und Atheisten zu einer wahrhaft „konzertierten" Aktion zusammenführte, gehört zu den erstaunlichsten, wenngleich rational nicht erklärbaren Ereignissen der Glaubensgeschichte dieser Zeit. Im Hinblick darauf greift man nicht zu hoch, wenn man den zum Glauben bewegenden Faktor mit dem Begriff „Inspiration" zu verdeutlichen sucht.

Die Spurensuche

Doch in einer emotional unterkühlten und insgesamt eben doch von Zweckrationalität beherrschten Welt ist davon nur in den seltenen Augenblicken, in denen das allgemeine Dun-

kel aufreißt, etwas zu spüren. Im Regelfall wird nur eine
mühsame Spurensuche die zum Glauben bewegenden
Impulse ausfindig machen können. Daß diese Suche nicht
ergebnislos verläuft, hängt, mit Guardini gesprochen, damit
zusammen, daß durch den Eintritt Jesu in die Weltgeschichte
das Menschsein insgesamt eine neue Qualität gewann, auch
wenn die Auswirkungen dessen fast nur im abendländischen Kulturkreis dingfest zu machen sind. In seiner Zeit-
analyse „Das Ende der Neuzeit" (von 1950) spricht Guardini
von dem „neuen Ernst", den das menschliche Dasein durch
die ontologische Wirkungsgeschichte Jesu gewonnen habe:
„Er stammt nicht aus einer eigenmenschlichen Reife, sondern aus dem Anruf, den die Person durch Christus von
Gott her erfährt: Sie schlägt die Augen auf und ist nun wach,
ob sie will oder nicht. Er stammt aus dem jahrhundertelan-
gen Mitvollzug der Christus-Existenz: aus dem Miterleben
jener furchtbaren Klarheit, mit welcher Er „gewußt hat, was
im Menschen ist", und jenes übermenschlichen Mutes, womit
Er das Dasein durchgestanden hat."[84]
Hellsichtig geworden durch diesen Hinweis, wird man dann
aber rasch eine ganze Reihe von weiteren Spuren entdecken.
Denn die bestimmenden Ideen der abendländischen Zivili-
sation – Freiheit, Menschenwürde, Mitmenschlichkeit – sind
letztlich nur aus der Lebenstat, Verkündigung und Selbst-
vergegenwärtigung Jesu zu erklären. Mit seinem schöpferi-
schen Zugriff auf den Menschen hat nicht nur der Gewinn
einer subjektiven Innerlichkeit, sondern auch die Entstehung einer Subjektsprache zu tun.[85] Vor allem aber ist es ihm
zuzuschreiben, daß die Rede vom „ewigen Frieden" nicht,

[84] R. Guardini. Das Ende der Neuzeit. Eine Versuch zur Orientierung, Mainz und Paderborn 1986, 89.
[85] Näheres dazu in meiner Studie „Menschsein und Sprache", Salzburg 1984, 20–27.

wie noch bei Kant, als Motto der Toten ausgegeben werden muß, sondern für die Lebenden in Anspruch genommen werden darf.

In dieser Hoffnung begegnet sich die Utopie des Glaubens mit der des Friedens. In beidem aber wird deutlich, wie der Staatsdenker Thomas Morus von Religion und Politik und ihrer Chance für das Wohl der Menschheit gedacht hat. Er griff in seiner „Utopia" nach den Sternen der Idealität, um das Gesicht der Erde verändern zu können. Damit gab er aber zugleich zu verstehen, was er sich vom Glauben versprach und wie er, umgekehrt, den Weg zum Glauben sah. In der Utopie des Glaubens bestand für ihn die Gewähr seiner Aneignung und Konkretisierung. Denn vieles Menschliche wird vergeblich gesucht; Gott und seine Sache aber werden, wie Augustinus sagte, gesucht, um gefunden zu werden.[86]

---

[86] Zum Ganzen E. Möde (Hrsg.), Das Eugen Biser Lesebuch, Graz 1996.

Register

A
Anselm von Canterbury: 17, 65
Aurelius Augustinus: 66, 80, 100, 104, 121

B
Bach, Johann Sebastian: 30, 54
Balthasar, Hans Urs von: 17, 111
Beethoven, Ludwig van: 30
Beinert, Wolfgang: 60
Ben-Chorin, Schalom: 50
Bergengruen, Werner: 25, 26
Bernhart, Joseph: 45
Beutler, Johannes: 38
Bloch, Ernst: 110
Blumenberg, Hans: 50, 84, 90
Böhme, Wolfgang: 99
Bosch, Hieronymus: 53
Buber, Martin: 30, 34, 35, 48, 57, 67, 69, 94, 103
Bultmann, Rudolf: 51
Busse, Ulrich: 36

C
Camus, Albert: 19

D
Dante Alighieri: 30, 39
Darwin, Charles: 97
Descartes, René: 53

Glaube und Kirche in der Welt von heute

Carlo Maria Martini
Die Rast der Taube
Dem Frieden Raum geben
kartoniert, ISBN 3-7698-0837-1

Carlo Maria Martini
Die Rast der Taube
Dem Frieden
Raum geben

Don Bosco

Der Friede ist das Thema Nr. 1 in einer zusammenrückenden Welt. Immer und überall ist er gefährdet: zwischen den Völkern, Rassen, Religionen und Generationen, zwischen Armen und Reichen. Die Verantwortung für den Frieden fordert das besondere Engagement aller Glaubenden, ist aber immer Geschenk Gottes über alle menschlichen Anstrengungen hinaus. Kardinal Martini stellt sich der Friedensfrage im Dialog mit den Glaubenden verschiedener religiöser Traditionen.

Josef Homeyer / Georg Steins (Hrsg.)
Kirche – postmodern „überholt"?
Erfahrungen und Visionen
in einer Zeit des Umbruchs
Bernward bei Don Bosco
kartoniert, ISBN 3-7698-0838-X

JOSEF HOMEYER / GEORG STEINS (HRSG.)
**KIRCHE-
POSTMODERN
ÜBERHOLT?**
ERFAHRUNGEN UND VISIONEN
IN EINER ZEIT DES UMBRUCHS

Bernward
bei Don Bosco

Der Mensch der Postmoderne setzt auf völlige Selbstbestimmung, Vielfalt der Lebensstile, Religiosität ohne Verbindlichkeiten. Ist Kirche als traditionsgeprägte Großorganisation damit längst überholt? Aus der Sicht verschiedener theologischer Disziplinen arbeiten die Autoren heraus, was die Begegnung mit der Postmoderne für die Kirche bedeutet: Sie eröffnet die Möglichkeit, „auf neue Art Kirche zu sein".